a verdade sobre a traição masculina

M. GARY NEUMAN

a verdade sobre a traição masculina

DESCUBRA AS CAUSAS DA INFIDELIDADE E O QUE FAZER PARA EVITÁ-LA

Tradução
Fátima Santos

CIP-BRASIL. CATALOGAÇÃO-NA-FONTE
SINDICATO NACIONAL DOS EDITORES DE LIVROS, RJ

N41v Neuman, M. Gary
A verdade sobre a traição masculina / M. Gary Neuman; tradução: Fátima Santos. - Rio de Janeiro: BestSeller, 2010.

Tradução de: The truth about cheating
ISBN 978-85-7684-304-7

1. Adultério. 2. Homens - Psicologia. 3. Homens - Comportamento sexual. 4. Relação homem-mulher. I. Título.

10-1970
CDD: 306.736081
CDU: 392.64-055.1

Texto revisado segundo o novo Acordo Ortográfico da Língua Portuguesa.

Título original norte-americano
THE TRUTH ABOUT CHEATING: WHY MEN STRAY AND WHAT YOU CAN DO TO PREVENT IT

Copyright © 2008 by GKN Corporation.
Copyright da tradução © 2008 by Editora Best Seller Ltda.

Capa: Rafael Nobre
Editoração eletrônica: Abreu's System

Todos os direitos reservados. Proibida a reprodução, no todo ou em parte, sem autorização prévia por escrito da editora, sejam quais forem os meios empregados.

Direitos exclusivos de publicação em língua portuguesa para o Brasil adquiridos pela
EDITORA BEST SELLER LTDA.
Rua Argentina, 171, parte, São Cristóvão
Rio de Janeiro, RJ – 20921-380
que se reserva a propriedade literária desta tradução

Impresso no Brasil

ISBN 978-85-7684-304-7

Seja um leitor preferencial Record.
Cadastre-se e receba informações sobre nossos lançamentos e nossas promoções.

Atendimento e venda direta ao leitor
mdireto@record.com.br ou (21) 2585-2002

Para Fred Jonas, professor de bondade,
sabedoria e humildade inigualáveis

SUMÁRIO

Agradecimentos   9

PARTE UM
Por que e como os homens traem?

   1. Este livro mudará seu casamento   13

   2. As verdadeiras razões por que os homens traem   27

      PROGRAMA DE AÇÃO RÁPIDA
      Passo um: fique de olho nos amigos e na família dele   48

   3. Sinais de alerta, de traição e de mentira   59

      PROGRAMA DE AÇÃO RÁPIDA
      Passo dois: altere os sinais de traição   64

      PROGRAMA DE AÇÃO RÁPIDA
      Passo três: envolva-se na rotina dele no trabalho e no lazer   77

   4. Entendendo a mente do macho: relacionando-se emocionalmente   81

      PROGRAMA DE AÇÃO RÁPIDA
      Passo quatro: pratique a entrega emocional   108

   5. O poder do sexo   111

PARTE DOIS
Como melhorar seu casamento

    6. Mudança reveladora: A Fórmula de Identificação da Voz Interior   137

        PROGRAMA DE AÇÃO RÁPIDA
        Passo cinco: a entrega emocional   157

        PROGRAMA DE AÇÃO RÁPIDA
        Passo seis: o sexo   172

    7. Lições de casamentos bem-sucedidos   175

    8. Cuide de si mesma   187

    9. Corresponda ao amor do marido   197

        PROGRAMA DE AÇÃO RÁPIDA
        Passo sete: encontre tempo para amar   206

Epílogo: O que aprendemos   209

Apêndice A: A terapia ajuda?   213

Apêndice B: Cicatrize a ferida após um caso   223

Leituras recomendadas   241

Índice   243

AGRADECIMENTOS

Linda Shore, Ph.D., por atender a cada telefonema, resolver meus problemas e indicar a direção correta para a pesquisa nacional.

Professora Malky Zacharawitz, Ph.D., pelo tempo e assistência no desenvolvimento do questionário da pesquisa. Ela foi a primeira pessoa a quem recorri e com excelente razão. Agradeço, Malky, por ouvir e fornecer a direção para a pesquisa.

Mary Anne Gorlen, Ph.D., pela ajuda na revisão dos métodos e da investigação estatística da pesquisa.

Alvaro Domenech, LCSW, pelo tempo e esforço, ajudando-me na coleta e no cálculo dos dados. O profissionalismo de Alvaro e a disposição para ir além neste estudo são muito apreciados por mim.

Carol Mann, minha agente. É extremamente estimulante trabalhar com alguém que ainda faz negócios com um aperto de mão. Muito obrigado por ter acreditado neste projeto e por tê-lo concretizado. O profissionalismo de Carol é inigualável.

Meu editor, Tom Miller. Obrigado pelas sugestões excepcionais e pela reorganização do livro. Ele está mais fluente agora, graças ao seu talento.

Meu copidesque, Roland Ottewell, e a editora de produção, Rachel Meyers, por editarem este livro.

A todos os amigos que dedicaram tempo para me ajudar neste projeto: Lynn e Sheldon Hanau, Rochelle Malek, Robin Landers e Rick Hirsch, Allan Rosenthal, Karen Hader, Marty e Ellen Zeiger, Karen e Peter Cooper, Moshe Lehrfield, Nancy e Marty Engels e Vicky Lansky. Cada um de vocês ajudou imensamente, e tenho grande apreço pelos esforços e interesse desse grupo.

Ao Ilmo. Sandy Rosenblum, por sua bondade e extraordinários esforços em meu nome, "inclusive, mas não limitado a..."

E em um agradecimento pessoal...

Melisa, que faz com que tudo pareça muito fácil. Não há palavras para expressar o que compartilhamos. Em termos práticos, agradeço pelos acréscimos perspicazes ao longo deste livro, especialmente no Capítulo 8, e por sua revisão geral. Obrigado pela paciência, bondade, gentileza e pelo espírito entusiasmado que trouxe para a nossa vida.

Meus filhos, Danny, Pacey, Michael, Esther e Yehuda. Vocês são as maiores bênçãos que um pai poderia receber. Cada um de vocês acrescenta muitíssimo à minha vida. Vocês são muito gentis, determinados e divertidos.

A todos no clã Neuman e Simons. Sou apoiado por todos e não estaria em lugar algum se não fosse por cada um de vocês. Obrigado pela força que me dão todos os dias.

Minha irmã, Jill. Obrigada pela revisão geral e pelas sugestões no Capítulo 8. Tenho grande apreço pela revisão cuidadosa que fez dos manuscritos.

Bonnie, por ter sido a pessoa mais inteligente que conheci e disposta a usar toda a energia para o bem.

A todos os homens e todas as mulheres que compartilharam os pensamentos e experiências, conflitos e lutas. Espero que eu tenha respeitado as revelações que fizeram e que outros possam se beneficiar e crescer com a participação que tiveram neste livro.

PARTE UM

Por que e como os homens traem?

1

Este livro mudará seu casamento

Este livro é para todas as esposas desejosas por saber como construir um casamento sólido. Minha pesquisa mostrará a perspectiva secreta dos maridos, tanto dos infiéis quanto dos fiéis, para que elas saibam o que a maioria dos homens é incapaz de expressar. Ao ler este livro, elas aprenderão com os homens pesquisados o que fazer para construir um casamento significativo e comprometido.

Como terapeuta de casais, passei a maior parte das últimas duas décadas observando casamentos. No entanto, o estímulo para escrever este livro originou-se de uma experiência em particular. Durante uma das vezes em que compareci ao programa *Oprah*, ajudei mulheres cujos maridos as traíram e as abandonaram por outras. Os maridos infiéis eram bombeiros que prestaram auxílio às viúvas de companheiros mortos em serviço e mais tarde iniciaram um caso com elas. Naquele programa, percebi que a traição pode acontecer nas circunstâncias mais improváveis, mesmo que as intenções originais sejam as melhores.

Fatos de fidelidade

Quantos maridos traem de fato? É possível que o seu a esteja traindo? Ele está prestes a trair? Os resultados das pesquisas indicam que de 22 a 70 por cento dos maridos traem. Muitos afirmam que a estatística atual aceitável é que aproximadamente 50 por cento dos homens já tiveram um caso. Ruth Houston, fundadora do site infidelityadvice.com, afirma que de 38 a 53 milhões de homens nos Estados Unidos já traíram. Em outras palavras, quase um em cada três casais será afetado pela infidelidade. É possível que você esteja insegura com relação a ser um desses casais, ou é possível que balance a cabeça com confiança e seja uma das muitas que nunca imaginou tal possibilidade.

Entretanto, não estou seguro do quanto deveria ficar confiante de que seu marido nunca trairia. De acordo com minha pesquisa, 69 por cento dos maridos infiéis nunca pensaram na possibilidade. Os demais que acreditavam poder fazê-lo revelaram às esposas que jamais o fariam ou habilmente evitaram o assunto.

Acha que seu marido confessará se já o tiver feito? Absolutamente improvável. Os homens infiéis nunca confessam. Sem serem questionados, apenas 7 por cento admitiram a traição para a esposa. E, infelizmente, poucos homens admitem, mesmo após muita indagação. Surpreendentemente, 68 por cento nunca admitiram ter traído ou só admitiram após a esposa ter provas concretas do fato.

Você já deve ter ouvido que a internet contribuiu para aumentar o número de homens infiéis. Não estou tão certo. Lembre-se de que nos idos de 1953, Alfred Kinsey descobriu que 50 por cento dos maridos tiveram pelo menos um caso antes dos 40 anos. É evidente que a internet tornou a traição mais fácil, ajudando os homens a encontrar mulheres dispostas a terem um caso secreto. O homem não precisa mais fingir que é solteiro ou que está prestes a se divorciar para ir para a cama com outra mulher.

Private Affairs é um site de namoro on-line destinado a usuários que procuram relacionamentos extraconjugais. Outro serviço, a Ashley Madison Agency, que ostenta o lema "Quando a monogamia torna-se monotonia", tinha 1,03 milhão de associados na época do lançamento deste livro e afirma que o número dobra anualmente. A empresa alemã, Perfect Alibi, declara fornecer histórias para serem usadas como álibi para a traição a 350 clientes por mês, como, por exemplo, convites fictícios para seminários de negócios durante o fim de semana.

A *história de William: viagens de traição*

William era gerente em uma empresa internacional. Viajava para muitos lugares todos os meses havia anos, mas não tinha nada a ver com negócios.

"Aprendi com um amigo a inventar viagens constantes a trabalho. Sabia que podia ser pego se dissesse que iria de avião e não fosse. Logo, dizia que tinha de ir aos escritórios em cidades diferentes, cerca de três horas de carro, quando, na verdade, só dirigia por volta de uma hora para encontrar a mulher com quem mantinha um caso havia poucos anos. Minha esposa nunca desconfiou e como só me ligava no celular, nunca me preocupei que ela pudesse descobrir pelo escritório. Além disso, tinha a flexibilidade de trabalhar em qualquer escritório da empresa, contanto que assinasse o ponto e fizesse meu trabalho, eles não se importavam em qual escritório eu estava."

William se arrependeu muito de tal comportamento. "Agora que penso a respeito, lembro que me sentia mal, principalmente quando voltava para casa e minha esposa era gentil comigo porque havia estado fora e fizera uma viagem muito cansativa. Por mais estranho que pareça, essa era a única ocasião em que nos relacionávamos e sentia que ela era especialmente gentil, portanto dava certo para mim em muitos níveis diferentes." William nunca contou à esposa sobre as traições. Foi somente através de uma carta de uma empresa de aluguéis de veículos informando a medição do hodômetro que a esposa dele finalmente soube. Ela o confrontou com os fatos, mas William manteve a inocência.

A mensagem aqui é clara. Agora, mais do que nunca, vale a pena aprender a proteger o casamento da infidelidade. Por ser terapeuta de casais há mais de vinte anos e autor de vários livros e manuais sobre casamento e divórcio, descobri como fazer. Decidi escrever sobre como solucionar o problema da traição no dia em que fui contatado por um canal de televisão para comentar sobre um livro que fazia às mulheres todos os tipos de perguntas sobre maridos infiéis, desde os sinais de alerta emitidos por eles às razões para a traição. Desejava saber por que só se perguntava às mulheres sobre as razões da traição dos maridos. Não faria mais sentido perguntar aos homens? Durante a pesquisa realizada nas publicações sobre o assunto à procura de respostas que eu pudesse usar para as entrevistas, fiquei estupefato com o que encontrei: quase nada.

O problema da traição é imenso para qualquer casamento porque envolve o ingrediente mais necessário em uma relação: a confiança. E, apesar disso, o mundo psicológico não chegou a um consenso sobre como evitar a traição. Percebi que era hora de apresentar uma resposta bem fundamentada.

Obtendo respostas para perguntas fundamentais

Este livro guiará você pelo complexo labirinto da mente do homem casado, oferecendo respostas verdadeiras para as grandes perguntas da infidelidade. Trata-se apenas de sexo? Quais são os sinais que os homens dizem emitir que mostram estarem prestes a trair ou que já estão traindo? Eles revelarão a traição? Os infiéis se sentem culpados? O que dizem faltar no casamento e o que eles e suas mulheres poderiam ter feito para evitar a traição totalmente? O que dizem que as amantes oferecem diferente das mulheres com quem são casados?

É possível evitar uma desilusão com respostas claras. Tenho ajudado muitas pessoas a descobrir as soluções há mais de vinte anos. Os terapeutas de casais possuem uma fórmula para fazer o obscuro e desconhecido parecer bastante óbvio. Temos de fazê-lo, porque somos bons ouvintes e por isso começamos a desenvolver uma sensibilidade para o que funciona ou não. Então, reunimos o que ouvimos, criamos as próprias dicas, conselhos e teorias e mandamos a mensagem para cada um que nos pede ajuda.

Eu queria informações transparentes. Reconheço que temos outras preocupações na vida além do casamento. Portanto, não temos o dia todo para pensar muito em como melhorá-lo. Neste livro, você encontrará as poucas áreas para as quais a mulher casada deve direcionar a atenção. Depois de lê-lo, você terá um conhecimento claro sobre no que se concentrar para criar um casamento sólido. Então, poderá seguir sozinha. E não se preocupe. Não será solicitada a fazer tudo e ser perfeita em todas as áreas do relacionamento.

A pesquisa

Entrei em contato com um amigo, professor da universidade, para me ajudar. Com o auxílio de muitos homens e mulheres e com a minha reflexão, criei uma pesquisa com quarenta e duas perguntas aprimoradas por meu amigo a fim de conseguir todas as respostas claras para os grandes mistérios sobre a infidelidade.

É possível que esteja se perguntando como pude encontrar homens infiéis que seriam honestos comigo. Contei com diferentes partes da população para criar um estudo abrangente. Tive duas fontes principais de participantes. Em Miami, há anos, tive a sorte de ajudar a desenvolver um curso ao qual pais divorciados são obrigados a assistir. Aproveitando essa oportunidade, outro terapeuta do grupo de pesquisa e eu entrevistamos os homens que frequentavam essas aulas. Encontrei um grande número de homens com boa vontade e condições de compartilhar os muitos pensamentos e histórias.

Cada entrevista foi uma experiência de aprendizagem. Houve alguns momentos inusitados. Uma vez, repassava uma pergunta sobre mentira e o homem me pediu para falar baixo. "Minha mulher está por perto e ainda não sabe", disse.

Esses homens falaram comigo com honestidade, por eu também ser homem e porque nunca mais me veriam. Nunca soube o nome deles. Comecei a perceber que tinha um grupo variado que poderia ensinar muito a mim e a outras pessoas. Para criar um bom estudo abrangente, também trabalhei com uma firma de coleta de dados on-line, especializada em uma ampla variedade de pesquisas médicas e psicológicas. Homens de 48 estados norte-americanos diferentes responderam os questionários. Houve também algumas pesquisas coletadas por outros membros do grupo.

Cada homem escolheu um dos dois questionário a completar: "Pratico ou já pratiquei uma infidelidade física" ou "Nunca pratiquei infidelidade física". Para obter respostas verdadeiras, tive de ir além dos homens infiéis. Desejava verdadeiramente encontrar indicadores para as razões da traição masculina e compará-los aos dos homens fiéis. Os homens em ambos os grupos refletiram as porcentagens da diversidade cultural, étnica e racial da população da América do Norte. No decorrer do livro, darei pistas das respostas dos homens fiéis quando relacionadas às questões que apresentaremos.

No final, meu estudo abrangeu duzentos homens (cem infiéis e cem fiéis), os quais responderam às entrevistas e aos questionários satisfatoriamente. No total, coletei 25.500 respostas individuais.

Como usar este livro

Meu trabalho tem por objetivo ajudá-la a aprender e a mudar atitudes que beneficiarão significativamente *você* e *seu marido*.

Na parte dois deste livro, compartilharei minha Fórmula de Identificação da Voz Interior para que possa compreender o desafio e fazer mudanças sensatas e dignas de consideração. Quantas vezes na vida é possível se empenhar para mudar e ter a certeza de que as transformações surtirão o resultado desejado? Quase nunca. Ter sucesso é a grande motivação. Não há nada mais difícil que a mudança, principalmente no mundo das emoções e do amor. Mas cada transformação contribuirá para o objetivo de ter um marido fiel.

É possível que esteja pensando na utilidade de tudo isso se o seu marido não ler e não mudar junto com você. Neste livro, os homens lhe dão o controle da situação ao dizer: "Se tal e tal não tivesse acontecido, não teríamos traído. Ao contrário, teríamos correspondido e sido melhores maridos em geral."

Não culpo a vítima

Durante a leitura, é provável que você se pergunte: "Por que está me dizendo tudo isso? Diga a ele. Ele é o culpado." Ao escrever sobre os homens e os aspectos do casamento que ajudaram a contribuir para a traição, não estou de forma alguma dizendo que o fato de eles terem encontrado falhas no casamento deu-lhes o direito de trair. O que fizeram foi errado, uma quebra nítida da confiança e dos votos do matrimônio.

Mas acredite ou não, normalmente a infidelidade não significa que os homens não amavam suas mulheres. Nunca encontrei um único marido infiel que fosse de forma alguma arrogante com relação às próprias ações. Na realidade, nenhum queria fazê-lo novamente e todos desejavam não tê-lo feito. Todos os maridos infiéis tinham algum tipo de remorso e responsabilidade, mesmo quando achavam que o comportamento da esposa havia sido um forte motivo para a infidelidade.

Portanto, leia este livro da única forma a que se destina: fortalecê-la no desejo de ter o casamento que almeja. Eu o escrevi porque vi a dor das mulheres quando os maridos as traíam, além do sofrimento quando os casamentos fracassavam. Você pode fazer mudanças que criarão um casamento seguro e significativo.

As histórias

Neste livro, há histórias pessoais, compartilhadas comigo durante as entrevistas para a pesquisa. Os nomes foram alterados para proteger a privacidade, mas os sentimentos e os problemas são absolutamente verdadeiros. Leremos também sobre mulheres que informalmente compartilharam as próprias histórias sobre os casamentos. Algumas delas sabiam que os maridos traíam. Além dessas histórias verdadeiras, criei algumas baseadas em várias outras. Não compartilho as histórias dos meus pacientes de terapia, portanto, qualquer semelhança entre as histórias neste livro e as de pessoas que atendi é mera coincidência.

Programa de Ação Rápida

Neste livro, você encontrará o meu Programa de Ação Rápida. Os pontos de foco, comportamentos e planejamentos recomendados, além dos exercícios, ajudarão você a transformar o conhecimento e as sugestões deste livro em aprimoramentos tangíveis no casamento. Criei o Programa de Ação Rápida baseado no que aprendi com os maridos participantes dessa pesquisa. Seguir os passos desse programa diminuirá muito as chances do marido trair e, ao mesmo tempo, ajudará a criar um relacionamento mais significativo e íntimo.

Encontremos as respostas

Em minha pesquisa durante a madrugada, quando minha determinação me dominava, repetia uma das minhas expressões favoritas: *a paralisia da análise*. Ao conduzir uma pesquisa, sempre parece haver muito mais a ser feito com o estudo. Como resultado, arrisca-se passar o tempo constantemente ajustando a pesquisa e coletando informações adicionais, mas nunca encerrando completamente com resultados claros e definitivos. Estava determinado a evitar esse destino. Meu estudo precisava ser claro e conciso, com direção precisa. Esse objetivo foi o foco principal que o norteou.

No entanto, as estatísticas referem-se muito às médias. Elas não decretam com exatidão como o marido se comportará. Entre os maridos pesquisados, 12 por cento dos infiéis disseram que as ações de suas mulheres ou a falta delas não tinham nada a ver com a traição deles. Se o seu marido faz parte dessa minoria, você não poderá influenciar os resultados.

Entretanto, a probabilidade é que tenha um marido como a enorme maioria dos entrevistados: os 88 por cento que acreditam que a traição estava relacionada com alguma insatisfação importante no casamento.

Agora, vamos encontrar as respostas e agir. Seguem abaixo algumas perguntas usadas na pesquisa com maridos infiéis. Por favor, tente imaginar como eles responderam e preencha o questionário com suas hipóteses. No Capítulo 2, revelarei como os homens responderam. Lembre-se de que os entrevistados já haviam traído e poucos jamais estiveram em uma terapia individual. Não pense como terapeuta, não responda como uma mulher deveria responder e não adivinhe para compensar o que já ouviu sobre os resultados. Gostaria que fosse uma atividade muito pessoal. Portanto, não tente acertar a resposta. Marque o que realmente acha que os maridos infiéis diriam. Essa será a melhor forma de aprender algo útil.

QUESTIONÁRIO

Por que os homens traem?

Você consegue ler a mente de um marido infiel? Complete os espaços em branco com as hipóteses para como os homens infiéis responderam a essas perguntas. Para as perguntas de um até dez, cada resposta deve ter um valor percentual de forma que, juntas, somem 100 pontos.

1. As questões que simbolizam minha infidelidade podem ser resumidas de melhor forma como:
    _____ Uma relação sexual insatisfatória com minha esposa pesou mais que a insatisfação emocional no relacionamento.
    _____ A insatisfação emocional no casamento pesou mais que a insatisfação sexual.
    _____ Tanto a insatisfação emocional quanto uma relação sexual insatisfatória tiveram a mesma importância.
    _____ Outros fatos não relacionados com os aspectos sexuais nem com os emocionais do meu relacionamento conjugal motivaram a infidelidade.

2. Estas questões contribuíram para a minha infidelidade:
   _____ Insatisfação sexual.
   _____ Insatisfação emocional.
   _____ Outras.

3. Estas foram as questões sexuais específicas que contribuíram para a minha infidelidade:
   _____ A vida sexual com minha esposa era insatisfatória.
   _____ Minha esposa descuidara por completo da aparência.
   _____ O sexo com minha esposa era, em geral, muito raro.
   _____ Outras.

4. Estas são as questões emocionais específicas que contribuíram para a minha infidelidade:
   _____ Outros aspectos da vida da minha esposa (por exemplo: filhos, carreira, responsabilidades na comunidade etc.) foram mais importantes para ela do que o nosso relacionamento.
   _____ Não conseguia falar dos meus sentimentos com a minha esposa.
   _____ Sentia-me subestimado por minha esposa. Ela não era suficientemente cuidadosa e preocupada comigo.
   _____ Minha esposa e eu não compartilhávamos mais os mesmos valores e/ou interesses.
   _____ Sentia-me emocionalmente separado de minha esposa.
   _____ Muitas vezes, minha esposa perdia a paciência e, frequentemente, ficava mal-humorada, zangada e/ou hostil.
   _____ Outras.

5. Durante a infidelidade, a mulher com quem estive era diferente da minha esposa nas seguintes áreas:
   _____ Ela fazia sugestões sexuais que minha esposa nunca cogitaria.

_____ Ela me fez sentir desejado, amado e apreciado.
_____ Ela era mais atraente fisicamente que minha esposa.
_____ Sentia-me mais relacionado emocionalmente a ela que à minha esposa.
_____ Sentia que compartilhávamos mais valores e interesses em comum.
_____ Sentia que conseguia me comunicar mais abertamente.
_____ Outras.

6. Antes da infidelidade, minha esposa e eu tentamos a terapia de casais por:
_____ Menos de três sessões.
_____ De três a dez sessões.
_____ Mais de dez sessões.

7. Encontrei a mulher com quem tive um caso:
_____ No trabalho.
_____ Na vizinhança.
_____ Durante alguma atividade de interesse pessoal.
_____ Na internet.
_____ Outros.

8. Sentimentos de culpa:
_____ Não senti durante o caso.
_____ Só senti no início do caso.
_____ Continuou durante o caso.
_____ Aumentou durante o caso.

9. Quando casei:
_____ Nunca pensei que seria infiel.
_____ Pensava que haveria a possibilidade de ter um caso.

10. Você contou à sua esposa sobre a infidelidade...
_____ ... voluntariamente?

_____ ... depois de ter sido questionado pela primeira vez?
_____ ... somente depois de ter sido questionado várias vezes?
_____ ... somente depois de ela ter provas?
_____ ou mentiu para a sua esposa mesmo após ela ter apresentado algumas provas de um relacionamento, mas não provas concretas de sexo em si?
_____ ou não revelou o caso e até hoje ela não o questionou?

11. Quais sinais de alerta acha que deu à sua esposa sugerindo que tinha um caso? (Os homens poderiam selecionar todas as respostas que se aplicassem. Estime o percentual de homens que selecionaram cada item.)
_____ Rejeição do contato.
_____ Compras inexplicáveis de presentes para ela.
_____ Mais críticas sobre ela.
_____ Atividade sexual reduzida.
_____ Mais tempo gasto fora de casa.
_____ Transferência de fundos entre contas bancárias.
_____ Mais brigas com ela.
_____ Outros

2

As verdadeiras razões por que os homens traem

Agora que já se familiarizou com as causas da infidelidade, não feche os olhos e torça para que nunca aconteça com você. Está na hora de aprender a evitar que seu marido traia e, é claro, ao mesmo tempo, desenvolver um casamento satisfatório para ambos. Gostaria de acreditar que a traição nem passa pela cabeça dele. Pode até ser, ou pode ser só por hoje. Entre os maridos infiéis, 69 por cento nunca pensaram na possibilidade. Não se trata de algo que foi necessariamente planejado durante um longo tempo. É possível que ache que não acontecerá porque, afinal, você nunca o faria. E então se lembra de que foi treinada para acreditar que os homens são extremamente sexuais e estão sempre olhando, pensando e fantasiando, ao passo que a sexualidade feminina funciona de forma bem diferente. A suposição é de que os homens traem porque são programados para fazer sexo com muitas mulheres, espalhar as sementes ou qualquer que seja a teoria do momento. Um livro recentemente lançado sobre o cérebro feminino pela psiquiatra da Universidade da Califórnia, Dra. Louann Brizendine, revela que o homem pensa em sexo a cada 52 segundos, enquanto o assunto passa pela mente feminina apenas uma vez ao dia.

É possível que esteja convencida de que a infidelidade acontece, mas, se você é como a maioria das mulheres, não quer acreditar e, certamente, não deseja concentrar-se no assunto. Você sabe por que acredito que não deseja fazê-lo? Porque, na realidade, o que fará a respeito? Esse é o principal problema. Todos têm uma ideia das causas para a traição masculina. Quem sabe se houvesse uma resposta coletiva — uma resposta masculina unificada sobre o que poderia ser feito para assegurar a fidelidade do seu marido — você agiria de acordo.

Meu primeiro objetivo foi concluir de uma vez por todas por que os homens traem. Trata-se de algo biológico? Será que os infiéis estão programados para perpetuar a espécie e, portanto, pulam a cerca, a menos que o sexo em casa seja extraordinário? Eles estão emocionalmente insatisfeitos em casa? (É consenso que os homens não são seres muito presentes emocionalmente). Trata-se de ambas as razões ou algo completamente diferente? É possível que não tenha nada a ver com a satisfação no casamento. Os homens simplesmente traem.

Conforme as estatísticas, descobri que a insatisfação tem um impacto muito forte no número de homens infiéis. Poucos relataram a existência de problemas sérios com as esposas. As chances de seu marido trair diminuem muito se ele sentir que tudo está bem no casamento.

A razão número um por que os homens traem

A insatisfação emocional foi a resposta masculina mais comum à pergunta por que os homens traem. Volte ao questionário e escreva esta estatística ao lado da sua resposta: 48 por cento dos homens disseram que essa é a questão principal motivadora da traição. Esse resultado causou perplexidade, uma vez que os homens são "menos emocionais". Mas apesar de toda a proeza, necessidade e desejo sexual, a maioria deles não está sempre à procura de uma nova empreitada sexual fantástica com outra mulher. Procuram por uma relação emocional.

Homens infiéis confessam: que tipo de insatisfação conjugal contribuiu para a infidelidade?

48% — Principalmente a insatisfação emocional.
32% — Insatisfação emocional e sexual de igual valor.
12% — Outras insatisfações ou nenhuma insatisfação.
8% — Principalmente insatisfação sexual.

Em geral:
59% — A insatisfação no casamento foi emocional.
29% — A insatisfação no casamento foi sexual.
12% — Outras.

A *história de Jason: uma situação de derrotas*

Por incrível que pareça, Jason era um advogado especializado em divórcio e tinha uma situação financeira muito boa. No entanto, as contas eram sempre um problema, e os gastos com dois filhos exigiam mais a cada ano. Em algum momento, Jason descobriu que sua esposa não gostava mais dele. E o mais interessante é que ele nem sempre discordava. "Ela havia me convencido de que eu era um marido de desempenho abaixo do normal e insensível", contou-me com indiferença. "Portanto, entramos num marasmo, no qual ficaríamos bem por um tempo e ainda poderíamos nos divertir nas férias. Mas, se eu não quisesse gastar muito dinheiro na festa das crianças, eu era o cara mau da história. Se chegasse tarde por estar trabalhando como um burro, eu era o cara mau da história. Não conseguia agradar de forma alguma. Depois de um tempo, percebi que não era um marido muito bom. Independentemente do que fizesse, não conseguia alegrar minha mulher."

Jason deixou de esperar pelos gestos amorosos que recebera da esposa quando se apaixonaram e no início do casamento. E com relação ao sexo: "Fazíamos muito raramente e, depois era como se estivesse me fazendo um grande favor. Era como se dissesse 'se apresse logo'. E, então, se fizesse qualquer reclamação, durante um período de talvez um mês, ela me dizia o quanto era uma boa esposa porque fazia sexo comigo. Ficava tão frustrado que imaginava que aquilo seria o melhor que conseguiria. Nenhum dos meus amigos tinha histórias melhores para contar. As esposas deles também não pareciam tão interessadas em sexo."

Jason não tinha amor no casamento e talvez não tenha feito uma abordagem segura para ajudar a esposa a ver o que estava acontecendo. É possível que a culpa tenha sido dele por não ter comunicado o que sentia de uma forma agradável, ou é possível que não estivesse disposto a dedicar tempo para se divertir e ter prazer com ela. Tudo mudou no dia em que Cheryl alugou um escritório ao lado do dele.

"Cheryl não era mais bonita do que minha mulher, nem uma pessoa melhor, nem mais elegante. Nada disso. Cheryl gostava de agradar os outros e sabia fazer os outros gostarem dela. É tão patético quando penso sobre isso hoje, mas ela era tão prestativa e dizia 'deixe que eu faça isso, você já teve um dia cansativo hoje' que fui fisgado rapidamente."

Cheryl rapidamente convenceu Jason de que não era um marido ruim. Jason sentia-se um cachorro, e Cheryl jogava pequenos ossos que ele prontamente abocanhava.

"Era simplesmente tão bom ouvir que eu era sensual e perfeito. Ela estava iniciando a carreira de advocacia e respeitava bastante meus conhecimentos na área. Finalmente, alguém me dizia como eu era bom profissionalmente, da mesma forma como quando eu e minha mulher começamos. Minha esposa me fazia sentir fracassado porque não escrevia artigos para os periódicos jurídicos. A questão consistia sempre no que eu estava fazendo para conseguir mais negócios e ganhar mais dinheiro. E, naturalmente, minha esposa pode ter acertado, mas Cheryl me fez acreditar que eu era um advogado excelente e um grande provedor. Dizia-me que daria tudo para ter uma clientela grande como a minha. Ela trabalhou durante a graduação. Foi a primeira mulher na família a ir além da faculdade e a conseguir um diploma de direito. Portanto, tinha essa enorme energia e determinação para aprender tudo sobre leis. De certa forma, tornei-me um mentor e o que posso dizer... era tudo muito bom."

Muitos maridos infiéis compartilhavam dos sentimentos de Jason: as suas mulheres haviam enviado sinais sobre a inadequação deles. Não acredito que elas tenham usado essas palavras, mas esses homens pareciam entender as mensagens dessa forma porque havia mais conversas sobre o que faziam errado do que sobre o que faziam certo. Tampouco posso dizer que elas estavam erradas. É possível que os maridos *fossem* insensíveis, preguiçosos, egoístas, mas, em algum momento, esses homens começaram a acreditar que eram as mulheres quem os *definiam* dessa forma. Houve um momento distinto em que todos pareciam ter entrado em um estágio no qual acreditavam no "Não consigo vencer".

Trata-se de emoções e não de sexo

Escrevi um livro intitulado *Emotional Infidelity*. Portanto, o fato de a insatisfação ter sido a razão número um para os homens traírem não foi uma enorme surpresa para mim, embora não estivesse certo de que os homens infiéis pensassem dessa forma. No entanto, não podia imaginar o número pequeno de homens que diria que a insatisfação sexual havia sido mais determinante do que a insatisfação emocional: *apenas oito por cento*. Quando faço uma pesquisa na internet para obter mais informações sobre a traição masculina, sempre obtenho "sexo" como a resposta principal. "Para a maioria, é uma questão de sexo" (womansavers.com). "Em termos estatísticos, os homens traem por uma razão principal: sexo" (infidelityfacts.com). Imaginava que os entrevistados dariam essa resposta em primeiro lugar; se não a maior parte das vezes, pelo menos uma grande parte delas. Mas não. Falaram em voz alta e uníssona. Para 92 por cento dos homens que vivem nos Estados Unidos, a traição não está relacionada principalmente ao sexo. Fiquei curioso por saber quais seriam especificamente as questões emocionais. O que exatamente esses homens achavam que faltava no casamento? E aqui novamente está uma das minhas maiores surpresas. Quando perguntava a um terapeuta de casais ou a uma mulher por que havia infidelidade ou divórcio, a resposta número um que ouvia era comunicação. Pensava que certamente os homens infiéis listariam a comunicação como a fonte número um da insatisfação emocional também. Era uma das escolhas. Pensava também que a razão seguinte seria o humor e o temperamento da esposa. Afinal, li muito sobre mulheres e aquelas mudanças hormonais malditas que levam os maridos à loucura. Como estava errado!

O apreço é fundamental

Entre as possíveis causas de insatisfação emocional, a resposta mais comum foi: "Não me sentia apreciado por minha mulher. Ela não era atenciosa e cuidadosa o suficiente comigo." Essa resposta constitui 37 por cento dos problemas emocionais para esses homens. Observe também que "Sentia-me emocionalmente separado da minha mulher" representou 17% dos problemas relatados. Juntas, claramente, essas respostas relacionadas ao reconhecimento, à atenção e à relação emocional representam 54 por cento da insatisfação emocional que os homens infiéis acreditavam tê-los conduzido para os braços de outra mulher. De longe, o sentimento de desvalorização e falta de atenção foram mais importantes que qualquer outra escolha na lista:

- Falta de comunicação — 11%
- Minha esposa e eu não compartilhávamos mais os mesmos valores — 10%
- Minha esposa muitas vezes perdia a calma — 12%

Separação emocional? Apreço? Não parece o discurso das mulheres? A grande mentira ouvida repetidas vezes é que as mulheres são as emocionais, que os homens são como pedras, introspectivos, necessitando apenas de muito sexo para serem felizes. Pare de acreditar nesses mitos, senão as probabilidades de seu marido trair aumentarão drasticamente. Porém, isso não significa que a resposta é correr para ele e ser piegas.

Algo que aprendi com os homens infiéis é que a fala clássica não é a melhor forma de se relacionar com eles. Portanto, tratarei claramente de tudo que é possível fazer para assegurar-se de que seu marido se sente apreciado, cuidado e emocionalmente conectado a você.

Um marido infiel me contou sobre uma ocasião em que acordou às 5h30 para preparar um café da manhã surpresa para comemorar o aniversário da esposa. Eles haviam passado por um momento ruim no relacionamento, e ele achava que seria um gesto positivo para mostrar que ouvira as reclamações dela. Seria o pedido de paz. Bem, não é preciso dizer que não saiu como planejado. Os dois filhos do casal quiseram fazer pipoca para a mãe no micro-ondas e ele deixou passar do tempo. Quando percebeu, a cozinha estava repleta de fumaça, e não apenas com os odores antigos, mas com aquele cheiro forte de pipoca queimada. O alarme de incêndio começou a tocar e a esposa acordou com o caos às 6h11 no dia do aniversário dela. Naturalmente, ficou irritadíssima. E o marido ficou tão furioso por ela nem por um momento ter elogiado as boas intenções dele que saiu de casa naquela manhã e só voltou à noite. Foi nesse dia que teve o primeiro encontro sexual com outra mulher. Ele ainda não contou para sua mulher.

Apesar dessa história, não fique pensando que um erro jogará seu marido nos braços de outra mulher. Nitidamente, o casamento desse homem vacilava havia algum tempo. Se ao menos pudesse ver o olhar infeliz ao contar a história! Ele não queria que tivesse acontecido e não estava orgulhoso da traição. Só desejava acertar, mas só conseguia irritar sua mulher. Um enredo que ouvi com frequência durante meu estudo. Acredite, talvez não fosse alguém com quem eu gostaria de ter vivido, mas o argumento dele era claro: tentara e, embora tenha estragado tudo, desejava mostrar com a tentativa que se importava com a relação. Os homens precisam ouvir o quanto são maravilhosos e ser apreciados pelos acertos. Exatamente como fazê-lo é um truque que aprenderemos.

Geralmente, as mulheres confundem a bravata dos maridos com a segurança e o ego. Lembra-se do tirano na escola que por se achar muito inferior interiormente necessitava se sentir superior atormentando os menores, ou então do cara que tem de fumar o melhor cigarro? Só porque *parecem* fortes e poderosos não significa que os homens não se questionem regularmente ou que não se preocupem com as habilidades e as destrezas deles. É possível que não *falem* emocionalmente, não digam coisas como "Quando você fala dessa forma eu me sinto...". Mas, não tenha dúvidas, os homens são seres emocionais que procuram afeto, bondade e apreço.

Enquanto as mulheres ganharam mais respeito na nossa cultura, os homens perderam um pouco. Para ser considerado um homem "bom", não basta proporcionar uma vida confortável e acompanhar os filhos ao futebol. Não, de forma alguma. A verdadeira pergunta é: você troca fraldas? Você deixa de ir ao futebol em algum domingo para estar no churrasco da família de sua esposa? Você planeja uma saída à noite e contrata uma babá? Ajuda nos trabalhos domésticos? Minha questão é tão somente que os homens costumam ser menos apreciados porque há a expectativa de que devem fazer mais do que fazem.

Sempre que oriento um casal, faço um exercício de valorização, logo no início da terapia.

Exercício de valorização

Muitas vezes, as mulheres não acham que os maridos mereçam apreço por algo que faz parte da obrigação deles. O papel masculino mudou e, atualmente, espera-se muito mais dele. Todos, você inclusive, desejamos e precisamos ser apreciados por nossos esforços, seja lá como for. Crie uma lista de apreciação para seu marido, incluindo até os itens que espera que ele faça. Verbalize ou mostre seu apreço com um gesto atencioso pelo menos três vezes na semana.

Cada um recebe um bloco para escrever tudo que aprecia no outro. Invariavelmente, a lista é muito pequena. Após rever os dois ou três itens contidos nela, faço a seguinte pergunta: "Ele não tem um bom emprego? Não é um pai atencioso? Não dedica tempo para as férias?" E a resposta é sempre a mesma: "Mas é obrigação dele." De certo modo, concluímos que as responsabilidades do cônjuge não merecem apreço. Quanto maior a exigência, menor o reconhecimento. À medida que aprecia o marido cada vez menos e concentra-se cada vez mais no que ele não faz, a motivação para ser "atenciosa e cuidadosa" compreensivelmente diminui e é uma etapa a mais para ele se sentir emocionalmente separado da mulher. Os homens dizem que esse processo lógico compõe 54 por cento do problema que contribui para a traição.

Os homens infiéis queriam que as esposas fossem generosas com eles de várias formas: fazendo massagens no pescoço, tomando a iniciativa para o sexo, comprando os CDs favoritos dele, fazendo sobremesas especiais, elogiando-os ou qualquer outro gesto atencioso. Esses homens também admitiram que deviam fazer o mesmo para elas. Mas na opinião deles, o que mais contribuiu para a traição foi a falta dos gestos atenciosos.

No entanto, muitos homens infiéis relataram que não queriam que suas mulheres elogiassem diariamente o fato de eles trabalharem muito usando comentários que achariam condescendentes. Desejavam que elas *mostrassem* o apreço por meio de gestos. Eles queriam que elas compreendessem de verdade o quanto se esforçavam para fazer tudo certo.

E aqui aparece o primeiro dos muitos elementos-chave para reverter a traição.

"Não sabia como contar à minha esposa. O que eu deveria dizer? 'Me ame, diga que sou atraente, que sou sensual?' Esse não sou eu. É possível até que ela queira ouvir isso, mas eu gostaria que fizesse algo significativo para mim e provavelmente não consegui transmitir essa ideia. Quero dizer, eu disse, mas não disse."

Esse marido infiel explicou que desejava mais sexo, mais comentários sobre como ele a excitava, não apenas que tinha uma boa aparência. Ele queria que ela comemorasse com ele quando fizesse algo positivo no trabalho, não apenas porque significaria mais dinheiro para a família, mas porque ela de fato apreciava a enorme energia e conhecimento exigidos para realizar a tarefa. Ele não queria que ela considerasse o sucesso dele algo natural, uma vez que era muito inteligente e certamente o conseguira por mérito.

O papel de chefe de família

Em geral, os homens são criados para sustentar e proteger. Mesmo com o avanço da sociedade, sem classificar as pessoas em categorias apenas por causa do sexo, ainda se pensa nos homens como os responsáveis principalmente pela proteção e pelo sustento da família. O reconhecimento nessa área é, muitas vezes, ignorado pelas mulheres. Naturalmente, há muitas mulheres hoje que contribuem com uma parte substancial da renda familiar e, então, não veem por que os maridos merecem uma valorização maior do que elas. Não estou de forma alguma sugerindo que você não mereça um grande reconhecimento por seu trabalho fora de casa, se for uma dessas mulheres. No entanto, para muitas, a pressão para gerar renda é menor que a dos maridos. Não falo da energia ou pressão diárias, mas sim da cobrança social, em geral, que o marido tem de suportar. Na maioria dos casos, o homem ainda será visto como o principal responsável por cuidar da parte financeira da família. Essa cobrança é imensa, seja qual for a renda gerada. Resultado final: se a família passa por problemas financeiros, poucas pessoas a olharão com desconfiança. Quase todos culparão o marido e deduzirão que ele falhou de alguma forma, mesmo que você tenha contribuído muito para os problemas financeiros.

"Honestamente pensei que seria um dos sócios", disse Joel se referindo a uma história que descrevia o quanto se sentia estagnado no trabalho. "Na minha cabeça, era uma grande reunião. Todos os sócios estavam lá e eu doara meu coração e minha alma à empresa durante anos. Pensei que cairia duro quando fui repreendido severamente por cada pequeno detalhe nos últimos anos. Cada relatório de despesas, cada dia doente, tudo foi examinado detalhadamente. Inesperadamente, descobri que meus e-mails eram vigiados; o cartão de crédito empresarial seria cortado, e um dos sobrinhos arrogantes de um dos sócios era agora o meu novo cão de guarda. Eu devia 'tutorá-lo' para que pudesse, em essência, me supervisionar, aprender o que eu fazia e finalmente assumir minha posição. Fiquei chocado. Saí da reunião, entrei no banheiro e fiquei tão furioso que desejei voltar à reunião e me demitir. Mas então pensei que, como estávamos bem no meio da obra da cozinha, redecorando e expandindo a casa, deveria engolir em seco e imaginar alguma outra forma de enfrentar a situação." Na opinião de Joel, ele teve de tolerar uma situação de humilhação e, se não fosse pela importante obrigação de sustentar financeiramente a família, não toleraria aquilo.

Mas onde está o reconhecimento? Os homens precisam ser apreciados pelo cumprimento das responsabilidades aprendidas desde pequenos. Entenda que a capacidade para protegê-la e sustentá-la é uma identidade inculcada no seu marido para sempre, o que não significa que ele não é ou não será capaz de aprender a identificar-se de outras formas importantes como ser um marido afetuoso para a esposa e bom pai para os filhos. Significa apenas que precisará sentir que você dá a ele as notas máximas nessa área. Ele quer que diga que está agradecida por viver o estilo de vida que tem por causa do trabalho árduo dele; que as crianças podem ter férias, presentes nos feriados, roupas bonitas e muito mais porque ele trabalha para isso. Essa atitude não tira nada de você ou da necessidade de se sentir apreciada por ele. Apenas a fará se concentrar em uma das áreas mais importantes da existência de seu marido.

O papel da família do seu marido e dos amigos na traição

A *história de Ellen: a má influência de um amigo*

"Não sabia o que fazer. Afinal, Roger era amigo dele desde a infância. Não gostava do comportamento dele, mas como diria a meu marido com quem deveria ou não andar? Qual a importância de ele ir a um bar ou jogar futebol com esse amigo aos domingos? Eu estava cega, mas agora sei. Finalmente Roger está fora de nossas vidas, mas será parte de nosso fracasso conjugal para sempre."

Ellen não gostava do melhor amigo de infância de Jerry, mas o aceitava em consideração ao marido. Tampouco gostava do irmão de Jerry, mas achava que não devia fazer nada. Foi depois da terceira gravidez que começou a desconfiar e, após alguns meses, descobriu que o marido estava de fato a traindo. Não havia como confiar nele novamente. O marido contou a ela que havia conhecido a amante nas visitas aos clubes em *South Beach*, e que provavelmente nunca os frequentaria se não fosse por Roger, o qual tinha um jeito especial com as mulheres, embora fosse casado pela segunda vez.

Ellen contratou um detetive particular, o qual trouxe fotos de Jerry e a amante dançando nos clubes. No começo, Jerry negou tudo e apenas disse que realmente dançava nos clubes, mas era o que todo mundo fazia. O irmão dele, que era solteiro e fazia sucesso com as mulheres, acompanhou Jerry e Roger muitas vezes.

"Jerry fez parecer que eu era um dinossauro. Imagine minhas ideias ultrapassadas, não querendo que meu marido dançasse com mulheres estranhas a qualquer hora da noite." Assim que Jerry finalmente admitiu a traição, se arrependeu e disse a Ellen que faria tudo para manter a família unida. Ellen desejava que desse certo, mas seguramente não sabia como e não tinha esperanças de confiar nele novamente. "Lembro-me da noite em que disse a Jerry que estava tudo acabado de verdade, a menos que jurasse que não seria mais amigo de Roger e que só veria o irmão quando viesse a nossa casa. Jerry ficou furioso. Explicou que a culpa era dele, não do irmão e do melhor amigo. Sinceramente, sabia que ele era o culpado, mas me agarrava a qualquer esperança, a alguma forma de me sentir melhor, sentir que haveria alguma mudança que me desse esperanças de voltar a confiar no meu marido. Não poderia continuar casada e ficar preocupada se ele me trairia novamente toda vez que saísse."

Ellen agarrava-se a qualquer esperança? É possível que seu marido tenha um amigo que você não tolere porque acha que ele é infiel ou misógino. É possível que seja solteiro e, nesse caso, pode sair com quantas mulheres quiser. Mas acha certo seu marido acompanhá-lo? Faz sentido proibi-lo de continuar a amizade com um amigo íntimo que é infiel?

No quadro a seguir estão os resultados de minha pesquisa sobre a influência dos amigos e da família na traição.

> **A influência dos amigos e da família dele**
>
> Homens fiéis cujos amigos íntimos traíram — 47%
>
> Homens infiéis cujos amigos íntimos traíram — 77%
>
> (somente 23% dos homens infiéis não tinham amigos íntimos que traíram)
>
> Homens fiéis cujos familiares próximos traíram — 33%
>
> Homens infiéis cujos familiares próximos traíram — 53%
>
> Homens fiéis cujo pai traiu ou suspeitava-se que traía — 28%
>
> Homens infiéis cujo pai traiu ou suspeitava-se que traía — 50%
>
> Homens fiéis cujo pai tinha vários casos — 8%
>
> Homens infiéis cujo pai tinha vários casos — 21%

Uma das descobertas mais impressionantes de minha pesquisa surgiu na comparação dos dois grupos de homens em relação aos amigos deles. Perguntei a ambos os grupos se tinham amigos íntimos infiéis. No dos homens infiéis, 30 por cento a mais do que no dos homens fiéis relataram ter esse tipo de amigo. Apenas 23 por cento de homens infiéis não tinham amigos íntimos que traíam. Lembre-se de que havia muitos homens fiéis cujos amigos íntimos eram infiéis, o que certamente significa que é possível um marido fiel manter uma amizade íntima com outro infiel. Mas com tamanha influência, você deveria pensar duas vezes antes de não dar atenção quando o assunto for os amigos infiéis do seu marido.

Nossas amizades influenciam muito mais do que possamos acreditar. Ter amigos íntimos infiéis cria uma atmosfera que torna a traição uma parte da vida diária. Portanto, por que permitir que ela seja parte do círculo social? Por que criar uma cultura de infidelidade convivendo com pessoas infiéis? Esposas, tomem cuidado. A amizade inocente pode ser perigosa.

As amizades também podem influenciar um casamento excelente. Elas são importantes. Os parentes da minha esposa, casados há mais de quatro décadas e que ainda saem para dançar, declararam que nenhum dos casais amigos deles é divorciado, nem rude um com o outro.

O que deve fazer quando seu marido tem um amigo infiel? Poucas mulheres conseguirão resultados positivos proibindo uma versão de Roger na vida do marido. No entanto, o assunto é importante demais para ser ignorado. Após registrar a queixa com seu marido, peça a ele que convide o amigo para ir a sua casa quando quiser estar com ele ou se esforce para ficar perto deles quando saírem juntos. Não será possível impedi-los de conversar sobre a infidelidade do amigo, mas é possível evitar que seu marido seja levado pelo caminho do "vamos conhecer algumas meninas". Você também pode limitar a conversa sobre infidelidade e permissividade se estiver quase sempre presente no relacionamento.

Ellen também contou sobre uma ocasião em que Roger compartilhou as tenebrosas histórias da infidelidade dele, e ela achou que talvez fosse bom para o marido ouvi-las. Não deu certo com Jerry. Mesmo que um amigo compartilhe o fracasso da infidelidade dele, ainda assim legitima-se a traição como uma possibilidade. Se seu marido pertence ao grupo de homens infiéis, o círculo social dele envia uma forte mensagem sobre a normalidade da infidelidade. Empenhe-se ao máximo para comunicar essa preocupação ao seu marido e procure se socializar com casais envolvidos em relacionamentos fiéis.

Nesse mesmo sentido, você também deve se preocupar com os parentes infiéis do seu marido. Enquanto apenas 33 por cento dos homens fiéis disseram que sabiam da infidelidade dos parentes mais próximos; 53 por cento dos homens infiéis afirmaram ter conhecimento do mesmo. É provável que não consiga fazer nada a respeito. Seria possível pedir ao seu marido que pare de falar com o pai ou com o irmão dele porque eles traem e você não quer que aprenda com eles? Não surtirá efeito. Mas deve estar ciente de que há uma maior probabilidade de seu marido trair e então ficar mais alerta para criar um casamento seguro.

E se o pai dele era infiel?

"Eu tinha 15 anos quando o vi com ela." Foi assim que Pete descreveu a primeira vez que confirmou que seu pai traía a madrasta. "Suspeitava e, naturalmente, minha mãe me contara que aquela havia sido a razão de terem se separado." Na ocasião, Pete fora a um McDonald's no centro da cidade com a namorada, em uma viagem da escola, quando viu o pai passar abraçado com a decoradora da casa que ele e a madrasta estavam reconstruindo. "Fui pego completamente de surpresa e nunca esquecerei a minha frieza. Minha namorada perguntou se eu havia visto e, embora meu pai estivesse abraçado com a mulher, respondi que eram apenas amigos. Mas eu sabia. Nunca contei a ninguém, mas odiava todas as vezes que ela aparecia em casa. Depois de um tempo, acredito que tenha se tornado tão evidente que minha madrasta descobriu. Que ironia eu acabar traindo minha esposa com alguém (minha advogada) que se tornara íntima de nossa família e também frequentara nossa casa várias vezes. Minha esposa e meu filho devem ter sentido o mesmo que eu e minha madrasta."

Irônico? Longe disso. No meu estudo, cinquenta homens infiéis relataram que o pai também era infiel ou suspeitavam que fosse. Compare a informação com apenas 28 homens do grupo dos fiéis que disseram o mesmo. Além disso, muito mais homens infiéis relataram que o pai teve vários casos, 21 deles para ser exato, comparados com oito homens no grupo dos fiéis. Quando perguntei a cada grupo por quanto tempo o pai foi infiel, o dos fiéis relatou uma média de quatro anos e nove meses. E o grupo dos infiéis? A média foi de 12 anos. Não só os homens infiéis tinham uma incidência maior de pai infiel do que os homens fiéis — além de seus casos extraconjugais —, como os relacionamentos duravam em média sete anos a mais do que os dos homens fiéis.

Como os homens infiéis veem o casamento dos pais

Quando perguntados sobre como veem o casamento dos pais, os resultados foram ainda mais impactantes. Dos homens infiéis, 49 por cento disseram vê-lo como positivo em linhas gerais, e 51 por cento, como negativo e com muitos conflitos em geral. No entanto, 82 por cento dos homens fiéis o consideravam positivamente e somente 18 por cento viam o casamento da mãe e do pai de modo negativo.

Zack não falava com o pai havia anos. Estava extremamente zangado com ele por ter traído a mãe quando era pequeno. Logo após o divórcio, aos 17 anos, Zack assumiu o papel do pai, tornando-se o protetor da mãe. "Foi curioso porque enquanto crescia e cuidava da minha mãe, aprendi que ela não era muito fácil. Quero dizer, ela conseguia ser muito implicante e muito teimosa, levando-me à loucura, e eu gritava com ela. Depois de um tempo, essa acabou sendo a forma como eu falava com minha esposa, que, por sinal, sempre dizia detestar. Depois de trair minhas duas ex-mulheres, aprendi que sempre estava pronto para brigar com elas e vê-las como pessoas difíceis. Não tenho certeza de como poderia ter sido diferente se meus pais não tivessem tido um casamento tão ruim, mais estou certo de que meu relacionamento com as mulheres teria sido muito mais fácil."

A maioria dos homens não quer acreditar que os acontecimentos na infância ditam o comportamento na vida adulta. A maioria acredita que o passado é o passado e que não há nada a fazer agora. Portanto, por que ficar empacado? Todavia, é fundamental olhar para trás para seguir em frente.

É possível que as diversas experiências na infância, — aquelas "vozes" do passado —, tenham ainda muito a ver com o comportamento adulto, mesmo que os pais já não estejam mais presentes. Quando um menino é criado em uma cultura familiar em que é permitida a infidelidade, essa permissão ditará os sentimentos dele com relação ao assunto. É possível argumentar que um pai infiel não é necessariamente uma cultura, mas de certa forma é. Considerada permissível ou errada, a cultura familiar ainda julga a infidelidade como um acontecimento comum. É semelhante à verdade de que crianças de lares divorciados apresentam maior propensão ao divórcio quando adultos. Nenhuma delas disse "Viva!" quando os pais se divorciaram. Provavelmente, o acontecimento foi visto como um fracasso, mas ainda assim se apresentou como uma realidade; de certo modo, como uma cultura.

Os pais de seu marido apresentaram o certo e o errado para os filhos, mas nem tudo aconteceu como disseram. O antigo princípio de "Faça o que digo, mas não faça o que faço" já está ultrapassado. Se seu sogro era infiel, querendo ou não, seu marido teve aulas de traição. Da mesma forma, se seu sogro foi fiel, ele também ensinou ao filho uma lição preciosa: aquela que diminui as possibilidades de ele algum dia trair. E o mesmo se aplica para o tipo de casamento que os parentes mais próximos tiveram quando seu marido era criança.

Procure saber mais sobre seu marido e a família dele. Se o pai foi infiel, quanto tempo durou a infidelidade? Quantas vezes? É impossível mudar o passado de seu marido, mas você pode conhecê-lo e dedicar tempo extra para refletir com ele sobre as mensagens recebidas. Não comece dizendo "Seu pai o ensinou que trair é normal", porque dará a impressão de ser uma companheira arrogante com psicologismos baratos. Em vez disso, tente saber a opinião de seu marido sobre essa experiência. Como ele descobriu? Quantos anos ele tinha? Ele conversou com alguém da família ou fora dela? É possível que uma conversa descontraída seja o suficiente para abalar a ideia arraigada de que a traição acontece nas melhores famílias. Além disso, um dos maiores elogios que se pode fazer é mostrar curiosidade sobre alguém. Ao compartilhar esse lado dele, você se tornará uma parte do mundo antigo da infância dele, e não será mais apenas algo relacionado a ele e à família de origem. Agora também está relacionado a você, uma vez que se tornou parte do universo infantil dele.

Converse com ele sobre o casamento dos pais em geral, mesmo que não haja traição. Vá com calma. Não seja crítica. Fique longe de "Não acredito que eles fizeram isso" e próxima de "Uau! Como você lidou com isso?". A segunda declaração fortalece seu marido, mostra que deseja estar com ele e que aprecia a força que teve para superar essa dificuldade na infância.

Cynthia detestava o sogro. Não ficou nem um pouco surpresa quando compartilhei as estatísticas deste capítulo com ela. "Sabia que meu sogro era um namorador e um porco chauvinista. Ficava muito aborrecida todas as vezes que meu marido defendia o pai. Minha sogra não era nada melhor. Depois de um tempo, decidiu que 'Se não conseguia vencê-lo, então passaria para o lado dele', e eles concordaram em ter um casamento aberto da adolescência do meu marido até a faculdade. Ainda estão juntos, embora o casamento não seja mais aberto ou, pelo menos, é o que o meu marido me diz. Não acredito que aquele homem algum dia deixará de trair. É bem provável que no enterro de meu sogro compareça um harém inteiro."

Cynthia não superaria os sentimentos pelos sogros tão cedo. Aquilo tudo a enfurecia tanto que os atacava quando falava com o marido sobre eles. Essa atitude fazia com que ele defendesse os pais. O ataque também não o ajudava a entender os pedidos dela para que fosse cuidadoso e não mantivesse as mesmas características. Em vez disso, eles discutiam todas as vezes que abordavam o assunto, em geral, iniciado por Cynthia. Mesmo depois de ela descobrir que o marido a traía, ainda assim ele defendia os pais e se recusava a acreditar que tinham a ver com os erros dele.

Os filhos não gostam de criticar os pais em qualquer idade. Nossa sociedade nos ensina a respeitá-los e a apreciá-los e, embora muitos possam brincar dizendo que os pais os estão enlouquecendo novamente, ainda os visitarão nas férias e serão afetuosos com eles. Você não pode simplesmente atacar seus sogros e criticá-los nas conversas com seu marido. Ao serem atacados, os homens reagem como o cônjuge de Cynthia, e defendem os pais. Seu papel é ter conversas sobre pais em geral, os bons, os ruins e os desagradáveis. Use as discussões sobre a infância de seu marido como uma forma de relacionar-se com ele. O objetivo é o seguinte: quanto menos crítica for, mais ele se sentirá à vontade para conversar com você sobre a mãe e o pai. Quanto menos emocional for (não "Hum... coitadinho"), mais tranquila ficará para compartilhar o assunto. Se falar com mais emoção do que ele deseja pensar sobre o assunto, seu marido começará a ocultar os fatos e dirá coisas como: "Não foi tão ruim assim. Na realidade, acabou me fortalecendo. No final, foi bom." A ocorrência desses comentários indica que você se mostrou emocional demais para ele.

Em minha pesquisa, queria descobrir como os homens infiéis se sentiam com relação aos pais atualmente. Eles se davam bem com o pai e a mãe? De certa forma, a maioria dos homens do grupo dos infiéis — 79 por cento — considerou o relacionamento com os pais em geral positivo. Apenas 21 por cento consideraram o relacionamento com os pais, em geral, negativo. No entanto, no grupo dos fiéis, 95 por cento dos homens sentiam-se bem com o relacionamento com os pais, obviamente deixando apenas 5 por cento com a percepção negativa da relação com a mãe e o pai. Não há dúvidas de que o passado afetará o futuro, pelo menos no que se refere à traição conjugal.

E com relação aos colegas de trabalho e aos conhecidos?

A preocupação deve ser maior ainda. Nesse aspecto, meu estudo não mostra grandes diferenças entre os homens fiéis e infiéis. Mas seria sábio reconhecer que as pessoas próximas a seu marido provavelmente influenciarão a concepção dele sobre a traição. É possível que ele acredite e diga que é errado, mas a proximidade do compartilhamento de detalhes íntimos sobre as infidelidades é a última coisa que você desejará para seu marido. Falar a respeito não a levará longe. Caso esteja vivendo essa situação, o melhor a fazer é ter amizade com outros casais que sinta serem absolutamente fiéis.

PROGRAMA DE AÇÃO RÁPIDA

Passo um: fique de olho nos amigos e na família dele

1. Convide os amigos e a família dele a sua casa a fim de conhecê-los melhor. Essa tática também terá a vantagem de torná-la parte da energia amistosa que seu marido compartilha com esses homens. Às vezes, as esposas não gostam dos amigos do marido e escolhem se afastar deles. No entanto, aprendemos que as possibilidades de fidelidade aumentam se houver um maior conhecimento do estilo de vida dos amigos dele sem se mostrar invasora.

2. Se seu marido tiver amigos íntimos infiéis, apresente-o a novos amigos saindo com outros casais. Frequentemente,

conhecemos pessoas no trabalho ou na escola das crianças, e aqueles que nos parecerem ter bons casamentos podem servir como modelos positivos. Quanto mais tempo ele passar com novos amigos fiéis, menos significativos se tornarão os infiéis, o que também evita a difícil discussão sobre "Não gosto dos seus amigos antigos e quero que pare de sair com eles".

Caso ele queira estar com um amigo infiel, peça que o faça em um ambiente saudável, como a sua casa, um almoço em um restaurante ou um evento esportivo. Dessa forma, você evitará que ele vá a um bar, a um clube ou a jantares noturnos com o tal amigo. Seu marido não deve presenciá-lo flertando com outras mulheres.

A outra

Dos homens estudados, 54 por cento traíram apenas com uma mulher, sobrando 46 por cento — uma porcentagem considerável — com vários casos. Quarenta e sete por cento foram infiéis por menos de um ano; 24 por cento, entre um ou dois anos; 9 por cento, entre dois ou quatro anos, e 20 por cento, mais de quatro anos. O tempo médio de casamento dos homens infiéis antes de ter o primeiro caso? Seis anos.

A história de Ted: a namorada da faculdade

"Nunca consegui explicar para minha esposa por que eu me sentia tão bem com a outra. Ela preferiu acreditar que eu era a escória da terra e nada mais." Ted estava casado havia 11 anos quando a namorada de faculdade se mudou para a cidade. Passou 14 anos sem vê-la, mas reconhecia que pensava nela ocasionalmente e imaginava como ela estaria. Soubera que se casara e enviuvara logo em seguida. Ao saber que a antiga namorada se tornara a amante dele, a esposa de Ted ficou furiosa e achou que ele havia simplesmente enlouquecido.

"Talvez estivesse certa. Não deveria ter feito isso com ela, com meus filhos, até com Sheila, minha amante. Mas quando fui descoberto, minha mulher ficou tão enfurecida que nunca quis saber por que tudo realmente aconteceu. Basicamente, eu era um ser humano medonho que jogou fora algo maravilhoso: minha esposa e meus filhos. Mas não vejo dessa forma. Passei meses na terapia me conhecendo, chorando e pedindo desculpas a minha mulher. E quando chegou a minha vez de falar sobre o que não estava indo bem, era sempre o mesmo: 'Não use isso como desculpa.'

A forma como me sentia com Sheila era totalmente diferente. Entrava no apartamento dela e ela queria ser gentil comigo. Atitudes simples, como fazer uma massagem, oferecer um café, apenas sentar e querer ouvir sobre meu dia. Não fizemos sexo por muito tempo, mas sinceramente tive vontade o tempo todo. O sexo foi excelente, simplesmente por ela me amar tanto."

Ted descreveu o que muitos homens infiéis pensam: eles encontram nas amantes o que falta em suas mulheres. Faz sentido. Mas o que as amantes ofereciam que exercia esse poder incrível sobre eles? Será que elas eram tão mais atraentes fisicamente ou talvez os homens conseguissem se comunicar com elas, o que simplesmente não conseguiam fazer com suas esposas? Será possível que o sexo fosse tão excelente porque as amantes sabiam algo mais que todas as mulheres casadas? De forma alguma.

Surpreendentemente, apenas 12 por cento dos homens infiéis disseram que a amante era fisicamente mais atraente, o que significa que 88 por cento achavam suas esposas tão atraentes quanto as amantes ou até mais. Ninguém está dizendo para não investir no corpo e na aparência, mas não o faça apenas porque acredita que isso impedirá o marido de trair, porque há muitas coisas melhores nas quais você pode investir sua energia.

E quais são elas? Você já deve ter percebido. Minha pesquisa mostrou que a diferença número um entre a outra e a esposa está no fato de a primeira fazê-lo se sentir desejado, amado e valorizado: 28 por cento.

Portanto, já vimos os dois lados: os homens expressaram que as questões emocionais eram o problema número um no casamento, e agora deixam claro que elas foram o principal ganho da infidelidade. Nove por cento também escolheram "Sentia-me mais conectado emocionalmente" como a principal diferença. Portanto, podemos tranquilamente dizer que 37 por cento dos homens infiéis acreditavam que a principal diferença entre a mulher com quem está casado e a amante era o prazer emocional.

Esses homens conseguiam se comunicar mais abertamente com as amantes? Somente 12 por cento responderam afirmativamente.

Tratava-se de compartilhar valores e/ou interesses mais comuns? Somente 11 por cento viam a questão dessa forma.

Tratava-se de sexo? A resposta "ela fazia sugestões sexuais que minha mulher nunca pensaria" recebeu 22 por cento de respostas, o que não é um grande número, mas foi a segunda mais escolhida. Essas descobertas coincidem com o que os homens diziam sobre as esposas. Eles procuravam, primeiramente, um relacionamento emocional com suas mulheres e, quando não conseguiam encontrá-lo, por várias razões, das quais assumem uma grande parte da responsabilidade, achavam-no fora do casamento. O sexo veio junto, o que foi melhor ainda.

Como parte de minha pesquisa, fiz uma pergunta à parte sobre sexo com a amante; quis saber se o sexo "não foi muito diferente fisicamente do que fazia com a minha esposa" ou se "foi muito diferente do que fazia com a minha esposa".

Sessenta e oito por cento dos homens disseram que o sexo era muito diferente. Esse resultado foi fascinante para mim porque somente 8 por cento desses mesmos homens colocaram a insatisfação sexual como o principal problema que contribui para a traição.

Conforme foi mostrado, o sexo foi muito diferente para 68 por cento dos homens infiéis, muito embora estes não esperassem um sexo melhor, não procurassem mulheres mais atraentes, e muitas vezes, nem achavam ninguém de melhor aparência. Na média, a outra mulher oferecia algo que não era oferecido pela esposa apenas 22 por cento dos casos.

Será que o sexo foi melhor porque as amantes tinham alguma habilidade que as esposas não tinham? Improvável. Lembre-se de que a maioria das amantes não tinha aparência melhor nem estava em melhor forma. Seria uma conclusão absurda achar que 68 por cento das amantes frequentaram excelentes escolas de sexo ou tinham algo que dava vantagem a elas. O mais provável é que a parte emocional tenha criado um relacionamento sexual melhor. Deve haver muitas razões para tal. Sem dúvida, aprendemos que as emoções ditam o relacionamento sexual a longo prazo. As amantes eram mais capacitadas emocionalmente? O mais provável é que os homens eram mais capazes de receber amor e se relacionar com elas por muitas razões possíveis: a falta que sentiam de amor e união com as mulheres com quem eram casados; o momento certo e a falta de estresse nesse novo relacionamento, o que permitia que só as coisas boas prevalecessem.

Parece que todo e qualquer esforço colocado na parte emocional do casamento rapidamente se traduzirá em melhor sexo também. Desenvolver uma atitude de apreciação e gestos amáveis tocará a sensibilidade do marido e fará cada parte — emocional e física do relacionamento — diferente.

QUESTIONÁRIO

Ele está traindo?

Nenhum teste simples consegue avaliar, com precisão, as circunstâncias únicas inerentes a cada relacionamento. Este teste foi desenvolvido com base na média de experiência dos casais e os resultados divulgados em meu estudo. Ele tem o objetivo de ser o começo de uma conversa que você poderá ter consigo mesma e, possivelmente, com seu marido. Esta não é uma ferramenta de diagnóstico exato, apenas uma referência a partir da qual poderá avaliar sua situação.

Acredito que meu marido:	Concordo	Discordo	Concordo totalmente	Discordo totalmente
1. Sente que consegue se comunicar bem comigo.	☐	☐	☐	☐
2. Compartilha os mesmos valores e/ou interesses que os meus.	☐	☐	☐	☐
3. Sente que sou atenciosa e cuidadosa com ele.	☐	☐	☐	☐
4. Diria que se sente valorizado por mim.	☐	☐	☐	☐
5. Sente-se emocionalmente relacionado comigo.	☐	☐	☐	☐
6. Pensa que perco a calma e me descreveria como mal-humorada.	☐	☐	☐	☐
7. Sente que as outras partes da minha vida (filhos, carreira, responsabilidades sociais etc.) têm prioridade sobre nosso relacionamento.	☐	☐	☐	☐
8 Acha que sou fisicamente atraente.	☐	☐	☐	☐

	Concordo	Discordo	Concordo totalmente	Discordo totalmente
9. Gostaria de fazer sexo com mais frequência.	☐	☐	☐	☐
10. Acha o sexo que fazemos satisfatório.	☐	☐	☐	☐
11. Tem evitado contato comigo no último mês ou mais (sem razão evidente; por exemplo: tem viajado com maior frequência ou estado doente; se há uma razão evidente para que ele esteja evitando mais o contato, responda "Discordo").	☐	☐	☐	☐
12. Passou mais tempo fora de casa no último mês (sem razão evidente; por exemplo: tem viajado mais que costume ou estado doente; se houver uma razão evidente para que ele esteja evitando mais o contato, responda "Discordo").	☐	☐	☐	☐
13. Tornou-se cada vez mais crítico no último mês ou mais.	☐	☐	☐	☐
14. Diminuiu a atividade sexual comigo nos últimos dois meses ou mais.	☐	☐	☐	☐
15. Ultimamente tem comprado presentes para mim sem nenhuma explicação, e essa não é uma atitude normal dele.	☐	☐	☐	☐
16. Tem pelo menos um amigo muito íntimo que traiu a esposa/namorada.	☐	☐		

	Concordo	Discordo	Concordo totalmente	Discordo totalmente
17. Tem pelo menos um familiar próximo que traiu a esposa/namorada.	☐	☐		
18. Viveu a experiência de o pai trair a mãe.	☐	☐		
19. Tem pelo menos um colega de trabalho infiel.	☐	☐		
20. Vê o casamento dos pais, em geral, como positivo.	☐	☐	☐	☐
21. Tem um relacionamento, em geral, positivo com os pais.	☐	☐	☐	☐
22. Sofre excessiva pressão no trabalho.	☐	☐	☐	☐
23. Está sob forte estresse financeiro.	☐	☐	☐	☐
24. Está vivenciando forte estresse com a família dele ou com a minha.	☐	☐	☐	☐
25. Frequenta atividades religiosas regularmente.	☐	☐	☐	☐

Folha de resposta

Faça um círculo em torno da sua resposta.

	Concordo	Discordo	Concordo totalmente	Discordo totalmente
1.	0	0	1	−1
2.	0	0	1	−1
3.	2	−2	3	−3
4.	3	−3	6	−6
5.	1	−1	2	−2
6.	0	0	−1	1

	Concordo	Discordo	Concordo totalmente	Discordo totalmente
7.	0	0	−1	1
8.	0	0	1	−1
9.	−2	2	−4	4
10.	1	−1	2	−2
11.	0	0	−1	1
12.	−3	1	−6	2
13.	0	0	−1	1
14.	−2	0	−3	1
15.	0	0	0	0
16.	−2	1		
17.	−1	1		
18.	−2	2		
19.	0	0		
20.	1	−1	2	−2
21.	0	0	1	−1
22.	0	0	0	0
23.	0	0	0	0
24.	0	0	0	0
25.	0	0	1	−1

Se sua pontuação está entre +17 a +35, é muito improvável que seu marido esteja traindo ou que trairá algum dia. Continue procedendo da mesma forma e aplique os princípios descritos no livro para tornar seu casamento ainda melhor.

Se você pontuou entre −21 a +16, você está pisando em terreno instável. Deve ficar atenta. Comece a cultivar uma cultura familiar de gentileza, sossego e apreciação. Desacelere. Tornem-se o foco um do outro. Elimine as distrações que reduzem a intimidade. Dedique tempo para atrair boas energias novamente e desenvolver um novo plano conjugal.

Se sua pontuação ficou entre −22 a −42: crise. Ele corre o grave risco de trair ou já está traindo. Trabalhe para melhorar o casamento ao máximo e, ao mesmo tempo, proteja-se. Pense em medidas drásticas de terapia conjugal intensiva e, até, em realizar alguma vigilância, como descrita neste livro.

Uma advertência: independentemente da pontuação, preste mais atenção ao fator de risco se você marcou "Discordo totalmente" para as questões 12 e 14, uma vez que estas são fortes indicadores de um casamento em perigo.

3

Sinais de alerta, de traição e de mentira

É possível que você já tenha ouvido como identificar se um homem está traindo, ou talvez imagine quais poderiam ser os indícios. Mas quero examinar não somente esses sinais da traição, mas também os que indicam que ele está *prestes* a trair. Eis as principais dicas para ficar bem atenta.

Sinais de traição

"Li um livro que descrevia toneladas de sinais de que um homem está traindo, mas sinceramente era informação demais. Ao conversar com minha irmã e com amigos, concluímos que muitos deles se aplicavam a todos nós e não sabíamos em que acreditar." Robin tinha 47 anos e duas filhas adolescentes. O marido tinha 53 e, recentemente, comprara um conversível preto, começara a trabalhar, a correr sua primeira maratona e a pintar os cabelos. Robin convenceu-se por meio do livro que leu de que aqueles eram sinais precisos de que o marido a estava traindo. Mas, ao abordá-lo, ele foi enfático ao negar. Ela não sabia em que acreditar. Afinal, tinha consciência de que os homens chegavam à meia-idade e apresentavam alguns comportamentos interessantes. Seria possível que o marido houvesse decidido ser mais saudável e aproveitar a vida um pouco mais como parte da crise de meia-idade sem trair ao mesmo tempo?

Minha pesquisa pedia aos homens para detalhar os sinais de alerta que achavam ser indicadores ou comprovadores para as esposas de que estavam próximos da infidelidade. Em seguida, perguntava sobre os sinais de alerta de que os maridos estavam efetivamente envolvidos na infidelidade. Ambas as listas foram muito semelhantes, com apenas algumas diferenças.

1. Ele passa mais tempo fora de casa

Cinquenta e cinco por cento disseram que passar mais tempo fora de casa era um sinal de que o marido estava próximo da infidelidade. O percentual subiu ligeiramente para 61 por cento, quando havia infidelidade. O mais fascinante é que a maioria dos homens começou a passar mais tempo fora de casa *antes* de trair. Esse sinal de alerta e os que vêm a seguir indicam não só que o marido *está* traindo, mas também são anunciadores da traição. Se conseguir captar os indícios a tempo, pode evitar a dor da infidelidade e ser capaz de salvar o relacionamento. Ao mesmo tempo, esses sinais informam que, durante a infidelidade, 61 por cento dos maridos passavam mais tempo fora de casa. Às vezes, os homens dirão às esposas para confiar neles porque "eu poderia trair durante o dia se quisesse". Embora seja verdade que não conseguirá controlá-lo durante o horário de trabalho, ainda assim, parece que os maridos infiéis encontram tempo extra para escapulirem de casa e não apenas durante o tempo que passam no trabalho. Se começar a perceber que seu marido está ficando menos em casa, tome cuidado e descubra o que está acontecendo. Vale a pena conversar com ele e tentar fazê-lo falar sobre alguma insatisfação que o esteja fazendo desejar ficar menos tempo em casa, ou então faça-o contar algum novo acontecimento causador desse repentino desejo de perambular por aí. Lembre-se de que não significa que ele esteja traindo, mas está bem claro que ele está prestes a fazê-lo, e você não deveria esperar para conversar sobre as mudanças a fim de melhorar seu casamento rapidamente.

Pepe contou que via a amante quando voltava do trabalho quase todos os dias. Ela morava a apenas poucos quarteirões de distância. Logo, ele podia vê-la sempre que saía de casa. Chegava atrasado ao futebol dos fins de semana, pois a encontrava antes. Oferecia-se para ir ao supermercado para ter meia hora a mais com ela. A esposa nunca soube e continua sem saber. "Eu era igual a um ladrão sorrateiro. Minha esposa nunca percebeu o tempo que eu passava fora. De qualquer forma, acho que ficamos tão diferentes. Ela não queria me ver jogar futebol e ficava feliz se eu fosse ao supermercado." Pepe não achava que era um excelente ladrão, mas acreditava que a esposa não percebia o sinal mais evidente relatado na pesquisa. Ele encontrava cada vez mais desculpas para ficar fora de casa. "No final, ficou muito ridículo, era como se eu quisesse ser pego, pois disse a ela que estava indo jogar golfe. Eu nem possuía os tacos, mas ela estava distante demais para perguntar o que estava acontecendo."

2. Vocês fazem sexo raramente

O sinal número dois não é surpreendente, embora os números sejam: 34% dos homens informaram a redução da atividade sexual como um sinal de proximidade da infidelidade, e o índice aumenta

43 por cento quando a infidelidade já estava acontecendo. Novamente, vale notar que 34 por cento viram a redução da atividade sexual como um sinal de alerta antes de qualquer infidelidade, evidenciando que alguns desses sinais podem ser captados antes de um caso extraconjugal se instalar. Achei realmente curioso que somente 43 por cento dissessem ser um sinal de infidelidade de fato. É possível pensar em um número maior, caso já houvesse sexo fora do casamento. Talvez o casal não estivesse fazendo muito sexo antes, daí as mudanças nem serem tão grandes depois que a infidelidade começa.

Jorge destacou essa ideia para mim. Perguntei como foi possível não ter qualquer mudança no sexo em casa durante a traição. Ele explicou que fazia sexo com a esposa cerca de uma vez a cada três semanas. Durante a traição, ainda manteve o sexo em casa. "Não queria transar com minha esposa, mas se parássemos por completo, ela teria desconfiado. Não sabia o que mais poderia fazer."

Cinquenta e sete por cento dos homens infiéis trairão sem reduzir o sexo com as esposas, embora seja possível que a frequência habitual passe a ser uma vez a cada alguns meses em muitos casamentos em dificuldades. No entanto, a redução da atividade sexual ainda representou um grande número das respostas, sugerindo que a manutenção da regularidade e da frequência é essencial para um casamento saudável.

3. Ele evita o contato comigo

O próximo sinal foi "evitar o contato (por chamadas de celular)", em 29 por cento, caindo ligeiramente para 24 por cento assim que a infidelidade começou. O contato durante o dia, mesmo que seja para tratar de assuntos comuns, ainda ajudará a aumentar a atenção que um dedica ao outro. O fato de não atender os telefonemas ou de não querer estar ao lado da esposa aponta para um desejo de separação, consciente ou não. Faça contato com ele com chamadas rápidas para dizer "Oi, amo você" e "Como está seu dia hoje".

4. Ele a critica mais

"Mais críticas sobre a esposa" obteve uma pontuação de 25por cento, mas baixou para 19 por cento assim que a infidelidade começou.

Stephanie não compreendia o que estava acontecendo. "Ele adorava minha comida. Minha mãe era italiana e ele tinha orgulho de meus pratos exóticos. Repentinamente, ficou cansado da minha comida e quis que eu tentasse outras coisas. Fiquei ofendida, mas procurei outras receitas e ele parecia gostar. Mas, então, começou novamente, desta vez criticando meus gastos. Desde que casamos, organizo as finanças porque tenho formação na área. Agora ele me questiona e inspeciona. De repente, passou a não gostar mais de como invisto nossas economias, e tivemos uma briga imensa por causa de todas as alterações que ele exigia." Seis meses mais tarde, Stephanie descobriu que o marido a traía e desviava o dinheiro para ajudar a amante.

5. Ele começa a brigar mais com você

Vinte por cento disseram que começavam mais brigas com as esposas.

Observe que criticar a esposa e começar mais brigas podem ser vistos como sinais muito semelhantes. Coloque-os juntos e terá uma grande porcentagem de homens que atormentavam mais suas mulheres.

A maioria dos homens infiéis passava mais tempo fora de casa, evitava o contato e fazia menos sexo com as esposas. Esses sinais traduzidos em mudanças no comportamento (e, lembre-se, eles só são significativos se forem *mudanças* nessas áreas) parecem indicar que seu marido está se afastando de você e alertam para um perigo iminente para o casamento.

Ouça atentamente — é possível que ele fale sobre a outra

A observação final não resultou de minha pesquisa, mas trata-se de um sinal que observei muitas vezes em meu trabalho. Com frequência, o marido começa a falar cada vez mais sobre uma mulher, em geral, uma colega do escritório ou da vizinhança. Ele contará que almoçaram juntos ou que se encontraram em algum outro lugar e que a família dela foi para tal e tal lugar de férias e as crianças adoraram. Sugere então que deveriam ir a esse tal lugar nas próximas férias. Como ainda não fez sexo com a tal mulher, ele não esconde o relacionamento com ela. Mas se a amizade ficar mais íntima, lembre-se de que a maioria das traições ocorre com amigos, não com um romance passageiro apenas para sexo. Portanto, é possível que ele esteja falando diretamente sobre a amante em potencial. É possível até que queira apresentá-la. Preste atenção aos comentários de admiração e comece a pensar no que precisa acontecer no casamento para que ele fique tão motivado a ouvir tanto suas ideias quanto as da nova amiga. Como será que essa mulher o faz sentir?

PROGRAMA DE AÇÃO RÁPIDA

Passo dois: altere os sinais de traição

Descobrimos com os homens infiéis os sinais que emitem quando estão prestes a trair. É vantajoso conhecê-los bem e agir logo que reconhecer qualquer um deles.

Faça as seguintes perguntas a si mesma: se a resposta for positiva para qualquer uma delas, avalie o que pode ser feito imediatamente para mudar os acontecimentos.

1. Meu marido passa mais tempo fora de casa?
   - O que posso fazer para que ele queira passar mais **tempo** em casa? (Não significa que a salvação do relacionamento só dependa de você. Mas é possível que deseje avaliar como vocês podem se entender melhor em casa para que ele não comece a evitá-la. Avalie também a tranquilidade da casa. Se for um ambiente agitado com crianças, avalie como mudar a situação e peça-lhe que assuma um papel no contexto.)
   - Converse com ele sobre o que vocês poderiam fazer para tornar a casa um lugar mais feliz para ambos.

2. Fazemos menos sexo?
   - Pense em tomar a iniciativa mais vezes.
   - Peça ajuda com as tarefas da casa para ambos criarem uma atmosfera mais calma e feliz e terem mais energia para a intimidade.
   - Providencie uma noite em um hotel sem as crianças. Ao chegar em casa, conversem sobre como podem aumentar mais a frequência das relações sexuais.
   - Avalie o que contribuiria para aumentar seu prazer de fazer amor com ele.

3. Meu marido evita meus telefonemas?
   - Avalie se ele telefona para pedir que lide com algo que atrapalhará o dia dele.
   - Peça que se comprometa semanalmente a sentar e conversar sobre as questões importantes que necessitam ser resolvidas juntos.

- Pense em telefonar apenas para lembrar o quanto o ama e está ansiosa por vê-lo e fazer amor com ele.
- Peça que ligue para você com mensagens semelhantes às que envia para ele.

4. Meu marido tem feito mais críticas a mim ou começado mais brigas comigo?
    - Converse com ele sobre como deve falar com você e fazer sugestões sem ser crítico.
    - Fale com ele que gostaria que a elogiasse e como ambos podem concentrar-se mais nas características positivas de cada um.

Sinais de mentira

A história de Jane: uma esposa e dois advogados

Jane estava grávida quando percebeu a diferença de comportamento do marido, que era advogado. Haviam compartilhado um relacionamento maravilhoso nos primeiros anos do casamento, mas depois algo começou a mudar. Por um longo tempo, as mudanças foram sutis e, sinceramente, Jane admitiu que ignorou todos os sinais. Afinal, o sexo era difícil por causa de complicações na gravidez. Havia se convencido de que ele estava sendo cuidadoso por não insistir com a questão do sexo por muitos meses. Não queria pensar em nada de errado ao perceber que o celular agora era carregado no carro em vez de ficar na cômoda como era de costume.

Não acreditou quando as palavras escaparam da boca no nono mês. Lembrava-se de ter ficado mais abalada do que o marido quando perguntou: "Você está tendo um caso?"

Era como se tivesse de falar sem pensar, porque ponderar a respeito seria muito doloroso. Ficou aliviada pelo marido não só ter negado, como ter ficado tão espantado que se convenceu de que ele considerara a pergunta ofensiva. "Você está brincando comigo? O que poderia fazer você pensar nisso?" Ele até continuou explicando que desejava mudar o que pudesse estar provocando dúvidas para que ela nunca mais tivesse de viver com aquele medo e com aquela preocupação. Ela continuou com um suspiro de alívio assim que começaram a conversar sobre assuntos mais leves. Ela falou sobre o telefone no carro, a falta de iniciativa no sexo, as vezes em que não conseguia falar com ele no celular. Ele pegou as mãos dela carinhosamente, explicando que atualmente ficava mais vezes na sala de julgamento e não podia atender às chamadas telefônicas, além de o celular não funcionar bem no trabalho, mas que daquele momento em diante telefonaria assim que saísse do tribunal. Explicou que achava que o sexo estivesse fora de cogitação e não queria incomodá-la para "cuidar dele". Disse que retornaria o telefone para a cômoda, se isso a fizesse se sentir melhor, mas era muito mais fácil deixá-lo no carro e nunca ser interrompido com chamadas do trabalho em casa.

Jane ficou tão feliz que disse para deixar o celular no carro e eles planejaram um código divertido para o contato sexual, sem nenhum ressentimento se ela não estivesse a fim. "E sei agora que estava sendo muito boba e sob efeitos hormonais", disse. "Ligue para mim sempre que for bom para você. Não quero que sinta qualquer pressão durante o dia por ter de procurar minhas chamadas não atendidas. Apenas telefone para mim de vez em quando sem se preocupar comigo a caminho do fórum ou algo importante assim."

Ocorreram pequenas mudanças depois disso. Houve uma vez em que ele tomou a iniciativa do contato sexual, e levou o telefone para casa algumas vezes. Mas o bebê logo começava a chorar em intervalos curtos durante a noite e, somente quando o pequeno estava com quatro meses, Jane falou sobre o assunto novamente. Sabia que estava extremamente fatigada, estressada e sob o efeito dos hormônios. Conversou com a mãe dela e chegaram à conclusão de que algo não fazia sentido. Jane havia recebido uma conta do telefone celular que normalmente ia para o escritório do marido, mas fora enviada para a casa deles durante a semana de reforma do escritório. Muitas correspondências haviam chegado naquele dia, e Jane mais tarde soube que fora um erro cometido pela secretária nova. Ela abriu a correspondência e descobriu que o marido havia mantido bastante contato com alguém em um número que não conhecia. Chorou por horas até a chegada dele em casa aquela noite, quando imediatamente o confrontou.

"Ele foi muito frio e, acredite, afetuoso. Riu e disse que poderia compreender como parecia ser muito ruim, mas era um escritório de advocacia com o qual havia feito muitos negócios ultimamente. Explicou que embora falasse com diversos advogados lá, fazia as ligações para o número central pois era o que ele havia memorizado e poderia ser transferido para quem quisesse ou necessitasse falar. Liguei para o número na frente dele e, sem dúvida, era uma grande firma de advocacia na cidade. Eu me senti uma idiota."

No entanto, pelos próximos cinco meses, Jane ficou fora de si. Não conseguia parar de pensar e imaginar onde o marido estava e se traía ou não. Foi muito exaustivo para ela e, finalmente, quando começou a chamar a atenção para pequenas inconsistências, o marido parou de ser o bom moço e começou a ficar furioso com ela por insistir naquilo. Cinco meses mais tarde, ele disse que precisava de uma separação para refletir sobre o assunto e que não tinha nada a ver com outra pessoa. Jane não sabia mais no que acreditar e implorou para que ele finalmente dissesse a verdade. Mas ele permaneceu firme na afirmação de fidelidade, até citando a descrença dela nele como uma das maiores razões para a necessidade de separação.

Em uma quarta-feira à tarde, ela encontrou um ex-colega do marido em um jantar de caridade. "Ele me disse que estava muito triste por saber da separação, mas que eu devia estar feliz pelo menos porque tudo estava esclarecido e terminado. Ao olhá-lo com estranhamento, ele percebeu que havia falado demais. Mas não tinha escolha e, além disso, parecia sentir-se mal por mim." Após um ano, Jane finalmente ouviu a verdade. O marido a havia traído com uma advogada da grande firma para a qual ligava tanto. Parecia que todos sabiam, e algumas pessoas até supunham que eles estavam juntos de vez em quando. Jane ficou furiosa e, prometendo não revelar a fonte da informação, contatou o marido.

"Eu só queira a verdade. Quero dizer, ao menos ele me devia isso." O marido de Jane negou tudo categoricamente, explicando que conhecia a mulher e tinha de trabalhar com ela intensamente em alguns casos, o que poderia ser mal interpretado. Atualmente, vive com a suposta mulher e continua afirmando que o relacionamento nunca foi mais do que profissional até depois da separação.

Todo mundo sabe que mentir é errado. No entanto, parece que quase todos o fazem de alguma maneira. A mentira "Vamos marcar alguma coisa" é tão aceita atualmente que acredito que alguns a confundam como um substituto para "Adeus". A mentira reduz a confiança e distorce a realidade.

Quando mentem para nós, começamos a achar que somos loucos. Queremos acreditar naqueles que amamos; desejamos que os outros apresentem a realidade para nós, porque estamos muito confiantes de que o nosso mundo é consistente e tem um resultado previsível.

Naturalmente, você sabe que as pessoas — e talvez você mesma — mentirão se (a) forem criticadas por dizerem a verdade ou (b) se não forem pegas. Entretanto, esperamos que aqueles que amamos, especialmente nossos filhos e cônjuge, serão honestos mesmo que a honestidade resulte em crítica e respostas inflamadas.

Por que os homens infiéis mentem? Prepare-se para se surpreender. Já conheci alguns mentirosos fantásticos que não eram necessariamente patológicos e que mentiam por razões compreensíveis. Ao que tudo indica, os homens acreditam que dizer a verdade sobre a traição é uma ideia muito ruim. Mentirão para a esposa, para o terapeuta de casais e para os pais.

Há uma história verídica sobre um homem casado que no tribunal negou conhecer uma determinada mulher. O advogado da esposa o interrogou várias vezes, assegurando-se de que o homem testemunhasse nunca haver visto a mulher antes na vida. Só então apresentou várias fotografias tiradas por um investigador particular mostrando o homem em diversas ocasiões com aquela mesma mulher que negava conhecer. Satisfeito, o advogado perguntou ao homem como ousava mentir para o juiz. O homem respondeu: "Eu não sabia que o senhor tinha as fotografias."

Esse enredo parece descrever o típico homem infiel: mente até não poder mais. E então mente mais um pouco. Assim que o homem conta a verdade sobre a traição, a vida muda rápida e drasticamente. Ele perde, e a perda é difícil para qualquer um. Além disso, agora ele tem de ser mais emocional, apologético, expressar tristeza verdadeira pelo que fez, sentir que agora todos tem o direito de colocar uma câmera de vídeo na testa dele para vigiar cada movimento. Portanto, ao avaliar as opções para o marido, mentir parece ser a melhor opção.

Mas e o amor? E quanto ao desejo dele de se relacionar verdadeiramente com você, amá-la, deixar tudo passar, e até crescer emocionalmente com isso e trabalhar para melhorar o relacionamento? Lembre-se de que esse homem a traiu, o que indica alguma falta de amor, um afastamento, um sentimento de estar perdido e uma insatisfação com você e com o casamento. Conversar sobre um assunto emocional não é tão tranquilo para o homem como se pode pensar. Como a maioria, ele aprendeu a vida toda a ser cognitivo e lógico. Nessas condições, a mentira vence.

Fico completamente fascinado com a distorção da realidade e julgo-a enlouquecedora para as mulheres que tento ajudar em meu consultório. Como Jane, essas mulheres sentem-se consumidas pela necessidade de saber o que está acontecendo de fato. Assim que as mentiras começam, há um caminho doloroso para que elas algum dia consigam confiar no marido novamente, supondo que ele volte a ser honesto. E não há resposta fácil. A melhor que posso dar é que, no final das contas, confiamos em nosso cônjuge porque nos sentimos tão ligados a ele que perceberíamos o menor afastamento e saberíamos ajustar tudo novamente. Com muita frequência, os casais simplesmente deixam que algo continue a separá-los; não têm um mecanismo para relacionarem-se novamente e melhorar a relação antes de perderem o controle. Mesmo após trair, esse processo é a cura derradeira. Todas as desculpas no mundo não protegerão um casamento.

A única resposta é o compromisso de manter o controle constante do relacionamento e de fazer o que for necessário para mantê-lo funcionando para ambos.

Você acha que seu marido falaria a verdade se fosse confrontado sobre a traição? Vejamos.

* * *

Minha pesquisa fez o possível para apontar o percentual de homens infiéis que mentiam sobre um caso extraconjugal. (Leia a página 25 para comparar as estatísticas a seguir com as suas hipóteses.)

Os resultados foram assustadores. Cinquenta e cinco por cento dos homens infiéis nunca contaram às esposas sobre a traição, ou porque elas nunca perguntaram ou porque eles continuaram a mentir até depois que elas apresentaram as provas do outro relacionamento. Especificamente, 28 por cento nunca contaram e nunca foram questionados, enquanto 27 por cento mentiram mesmo depois das esposas apresentarem provas do outro relacionamento. Outros 14 por cento mentiram até suas esposas apresentarem as provas. Doze por cento contaram às esposas sobre a traição após serem questionados várias vezes; 12 por cento depois de serem questionados pela primeira vez e desprezíveis 7 por cento contaram sem serem questionados. Esses números significam que somente 31 por cento contaram às esposas após questionamentos.

Resultado final: se está esperando que seu marido seja honesto sobre a traição, é melhor comprar um bilhete da loteria. Muitas esposas têm a sensação de serem torturadas quando percebem que algo está acontecendo e são repetidamente convencidas pelos maridos de que as suspeitas não são verdadeiras. É definitivamente trágico ouvir que sua percepção está completamente errada e voltar a acreditar e confiar nas palavras do marido, quando seu coração e suas emoções contam outra história. Não há palavras para descrever a experiência de ser enganada pela pessoa com a qual escolheu assumir um compromisso para o resto da vida. Além disso, seu marido acabou sendo um mentiroso convincente, o que apenas a faz pensar no quanto realmente não conhece o homem com quem tem compartilhado tudo, seus sentimentos mais íntimos, os quais possivelmente ninguém mais conhecerá.

Onde os homens infiéis conhecem a outra

Onde seu marido conheceu uma amiga nova que pode ameaçar seu casamento? O lugar número um é o mais evidente: no trabalho. Quarenta por cento dos homens na minha pesquisa conheceram a outra no ambiente profissional, o que sugere que você deveria ficar muito atenta sobre com quem seu marido trabalha. Em meus mais de vinte anos de ajuda a casais, a identidade da amante raramente foi uma surpresa para a esposa quando se tratava de alguém do trabalho. Essa evidência deve-se ao fato de o homem falar sobre a outra em algum momento, sem dúvida causando suspeitas na esposa.

Ouça com atenção quando seu marido contar que ele e seja lá quem for estão trabalhando em um projeto juntos. O nome da outra surgirá de vez em quando, ocasião em que deve aproveitar a oportunidade para avaliar seriamente como está o casamento. E não espere mais para mudar o relacionamento. As mudanças devem ser feitas imediatamente e rápido. E é possível que seja necessária uma conversa franca com seu marido sobre as regras do casamento. Você não tem de criticá-lo severamente e fazê-lo se retrair por causa da desconfiança. Só precisa usar o nome da mulher como um catalisador para uma conversa franca sobre com o que ele concordará ou não fazer. Por exemplo: ficar até tarde para uma reunião, se forem só os dois; viajar juntos para conferências; jantar juntos para analisar o projeto etc.

Além disso, fique atenta para não falar muito sobre como você e seu marido ficarão mais próximos. Mantenha o diálogo apenas no acordo de algumas regras para esse novo relacionamento. Em seguida, preste atenção e descubra o que fazer para criar o tipo de mudança positiva que discutiu com o mínimo de conversa possível.

Trinta e dois por cento dos homens conheceram a outra ao se envolverem em alguma atividade de interesse pessoal. É possível que você tenha curiosidade em saber se seu marido tem paixões com as quais você não tem nada a ver e se perguntar por quê. Talvez vocês não tenham alguns interesses em comum (assistir ao futebol?). Mas essa é a questão. Se seu marido tem uma paixão por algo que você não se interessa, o que acontecerá se ele conhecer outra mulher que compartilhe a mesma paixão? Às vezes, uma mulher acha que é uma esposa boa e compreensiva se deixar o marido se divertir com o hobby dele de adolescente. Mas os homens que entrevistei disseram que é um erro deixá-los perambular livremente no mundo de seus interesses pessoais. Se for realmente uma paixão verdadeira para a qual ele dedica bastante tempo, esteja por perto de vez em quando.

Não basta mandá-lo regularmente para um mundo que você desconhece e esperar que toda a energia ao redor dele se mantenha simplesmente imóvel. É possível que ele procure alguém que tenha a mesma paixão e com quem possa compartilhá-la, o que pode ser o primeiro passo para o problema. Realmente, não estou sugerindo que se torne uma fanática por esportes. No entanto, não tenha tanta certeza de que não consegue aprender algo sobre o mundo de seu marido que pelo menos permita um diálogo a respeito. Será que ele deveria sempre ir aos eventos esportivos sozinho, porque você não gosta de ir? Dependerá da frequência com que ele vai a esses eventos. Analise os dois fatores abaixo:

- Com que frequência esse interesse o tira de casa?
- O quanto ele discute o assunto com os outros?

Por exemplo, ele assiste ao futebol todos os domingos em casa com dois amigos e você dá um palpite de vez em quando. Ok, ele está em casa e não assiste a semana toda, nada além de um comentário aqui outro ali com os amigos. Compare a situação com a dele ir a muitos jogos, conversar sobre isso durante toda a semana com amigos e ouvir os comentários esportivos no rádio a cada chance que tiver. Ele descobriu algo pelo qual é apaixonado e que absorve sua atenção. Por que você não desejaria fazer parte disso? Por que não aprender para poder se relacionar melhor com seu marido? Permita que ele lhe ensine e passará horas maravilhosas, conversando sobre o hobby. Pensar sobre a questão dessa forma é melhor que ser forçada a assistir a homens malcheirosos pulando e torcendo por tolices. Se seu marido continuar encontrando com alguma mulher no jogo e começar a ter conversas divertidas com ela, mesmo que ele já a tenha visto no trabalho e falado sobre esportes com ela, há uma parte dele que você está perdendo. Você pode aproximar essa parte de si e aproveitar o processo de união, mesmo que ele envolva um tópico sem interesse ou tolo.

Evidentemente, você gostaria que ele tivesse a mesma atitude: um desejo saudável de envolver-se com algo que é de seu interesse. E ele deveria. As chances são grandes se vocês compartilham os interesses e se envolvem com eles. Dar o primeiro passo contribuirá para os momentos de diversão com seu marido e o estimulará a fazer o mesmo para você. Mesmo que ele não retribua, você ainda assim ganha a união e protege mais o casamento.

Dezessete por cento dos homens infiéis conheceram a outra na vizinhança. Felipe conheceu a amante durante um trabalho beneficente. "Era tão patético como minha mulher ficava me empurrando para eu me juntar ao grupo beneficente da vizinhança. Ela pensava que isso me tornaria uma pessoa melhor, e foi lá que conheci minha amante. Era verdade que eu quase sempre pensava em dinheiro e necessitava ter alguma perspectiva, mas me empurrar para algo como aquilo não funcionaria. Minha esposa não ia comigo, porque nossos amigos insistiam que ela estava sempre me controlando demais e que eu precisava aprender a fazer algo bom, sozinho sem a ajuda dela."

Uma última informação importante sobre onde os maridos conheceram a outra: somente 3 por cento relataram ter conhecido a amante na internet. Lembre-se de que cerca da metade dos homens no estudo responderam ao questionário on-line, o que significa que tinham conhecimento do uso da web. Além disso, embora possam ser relatados muitos casos sobre como a internet dissolve casamentos, ela não parece representar um grande problema quando um homem casado conhece uma mulher on-line e faz sexo com ela.

Quanto tempo levou para progredir da reunião à traição?

Hal falou francamente comigo sobre a infidelidade. "Julie e eu namorávamos na faculdade. Portanto, quando ela voltou a morar na cidade, começamos a nos encontrar para conversar sobre o passado. Esse foi meu primeiro erro. Era estranho pensar que a mulher com quem estava traindo me conhecia havia mais tempo que minha esposa. Não sei por que aquilo era tão significativo para mim, mas era. Demorei quase três anos, depois que Julie voltou, para trair minha esposa. Portanto, tecnicamente, fazia uns 15 anos que eu a conhecia."

Eis as boas notícias. A razão de eu pedir para que você fique atenta quanto a ouvir o nome da outra é que assim, provavelmente, terá algum tempo para agir em seu casamento antes que algo horrível aconteça. Por mais que se preocupe com um romance passageiro, somente 6 por cento dos homens infiéis fizeram sexo com uma mulher no mesmo dia ou na mesma noite em que se conheceram. Vinte e sete por cento transaram no primeiro mês, o que parece muito rápido, mas ainda dará a você algum tempo. Mas 36 por cento dos homens esperaram mais de um mês, e até um ano, antes de fazer sexo. No total, 69 por cento dos homens disseram que fizeram sexo um ano depois do primeiro encontro. É assustador pensar sobre a rapidez da deterioração do relacionamento, mas agora que está informada sobre o que pode fazer para prevenir e como ficar atenta antes que o pior aconteça, considere-se fortalecida para tomar a iniciativa e criar um casamento sólido.

PROGRAMA DE AÇÃO RÁPIDA

Passo três: envolva-se na rotina dele no trabalho e no lazer

Setenta e dois por cento dos homens infiéis conheceram a outra no trabalho ou durante uma atividade de interesse pessoal. Portanto, aprenda o máximo possível sobre essas duas áreas da vida de seu marido. Elas representam a maior parte de quem ele é, e ele coloca bastante energia em ambas. Torne-se uma parte dessa energia.

1. Envolva-se no trabalho dele.
   - Tenha conversas diárias sobre os acontecimentos.
   - Mostre interesse genuíno nos pormenores do dia dele. Há um ditado antigo que diz: "Se deseja boas respostas, faça boas perguntas." Descubra alguns detalhes sobre o trabalho dele (projetos, prazos) e também pergunte sobre as políticas e fofocas do escritório. Isso a ajudará a conhecer o ambiente em que seu marido trabalha e a ter uma percepção emocional dele.

2. Envolva-se no hobby.
   - Familiarize-se com os interesses dele para que possa conversar a respeito. Do contrário, ele canalizará toda a energia positiva para outras mulheres.
   - Torne-se uma parte dele. Você não tem de exigir que ele não assista mais a um jogo, que não faça mais *jogging* ou que não participe mais das reuniões beneficentes sem você. Mas não há razão para não desejar desempenhar um papel mais ativo e presente. Quem sabe o interesse pelo hobby alimente a energia dele, resultando em um interesse comum que só aumentará a amizade entre vocês.

Por que deseja saber imediatamente se seu marido trai?

Há uma questão rigorosamente complexa sobre a mentira que muitas pessoas não percebem. Normalmente, como minha pesquisa mostra, a mentira começa e continua por um período de tempo. É durante esse período que a habilidade de reparar o relacionamento em algum momento diminui. Trair é mais do que a traição em si. Relaciona-se também a mentir. Um homem que conta à esposa sobre a traição, sem deixá-la meses sofrendo da atormentadora confusão mental por tentar compreender o que está acontecendo, é um homem que tem mais chance de reestruturar o relacionamento. Para cada mentira evitada, há uma oportunidade maior de sucesso, porque é a mentira que faz as esposas sentirem que nunca mais voltarão a confiar no marido.

Trair por si só já é ruim o suficiente. Mas, se o homem se sente perdido, recorre à esposa e diz "eu (ou nós) precisamos de ajuda" depois de mentir bem na frente dela, ela tem a tarefa infeliz de não só superar a traição, mas também de compreender como ela e o marido podem reestruturar o casamento. Ela se preocupa se voltará a confiar que ele não trairá e mentirá novamente.

Se o marido não mentiu para a esposa e eles encontrarem uma solução juntos, ela confiará na honestidade dele se questioná-lo novamente ao achar que ele está de alguma forma ultrapassando os limites conjugais. Acredite se quiser, isso pode fazer toda a diferença com relação ao bem-estar que a mulher possa novamente sentir algum dia no casamento.

Infelizmente, se seu marido traiu, há 93 por cento de chance de ele não contar (e 81 por cento de não contar mesmo depois do primeiro questionamento). Se sua ideia é continuar insistindo até vencer, sabe do que mais? Péssima, péssima ideia. Quanto mais prolongar o sentimento de que algo está acontecendo e esperar que ele confesse enquanto continua a mentir, mais distante ficará da capacidade de reestruturar o casamento.

Se sente que ele trai e nega, aja. Verifique as contas do celular e os e-mails, pergunte aos amigos ou parentes em quem confia se ouviram falar algo suspeito ou contrate um detetive particular, por amor a você e ao seu casamento.

4

Entendendo a mente do macho: relacionando-se emocionalmente

Pense em um menino de 11 anos jogando em um time de futebol. O time dele perde no último segundo da partida porque ele cometeu um erro. Os jogadores do outro time e os pais deles vibram; os companheiros de equipe estão espalhados pelo campo deitados ou ajoelhados, e o menino segura a cabeça com as mãos, com medo de ver o quanto decepcionou a equipe no momento mais importante do ano. O pai encaminha-se para ele e dá um tapinha em suas costas, dizendo algo como "Você fez o máximo que podia" e, então, observa o menino desmoronar. O pai continua sussurrando comentários em voz baixa e áspera: "Controle-se. Espere até chegar ao carro."

A cena parece muito comum. A maioria dos meninos se envolve em algum tipo de competição, seja esportiva, de xadrez ou de soletração. A competição é feita de altos e baixos, e os meninos aprendem desde o começo a serem bons vencedores e perdedores. Mas ganhar é vital. Alguns pais se envolvem mais, outros menos. E atualmente, muitos pais aprenderam, até certo ponto, a terem uma abordagem mais gentil e tolerante. Mas apesar dos avanços da sociedade moderna, o resultado final é que os meninos são ensinados desde cedo a conter as emoções e a se controlar. São forçados a deixar de lado os sentimentos para que possam voltar ao campo, ao tribunal ou às quadras para a próxima jogada e ainda ser um vencedor, ignorando qualquer dor sofrida anteriormente. Os ídolos deles são os heróis esportistas que não competem apenas no dia em que seu pai morre e depois partem para o próximo desafio, com o objetivo de ganhá-lo para o pai falecido. Ninguém gosta de um bebê chorão. Se a esposa do herói vai dar à luz, o mundo esportivo atual permite que uma celebridade deixe o time para estar presente no nascimento do filho. Mas é melhor que o papai amoroso e meigo volte logo para arrasar no próximo jogo. Se um menino mostra muito "sentimento", arrisca ser chamado de maricas.

Os homens têm de ser duros como pedras e constantemente capazes de colocar os sentimentos de lado. É assim que eles ganham as guerras; constroem empresas e fazem o mundo masculino girar ou, pelo menos, é isso o que todos aprendemos quando pequenos. Sua esposa precisa de treinador? Vá lá e exercite-se, diz ele. Sua mulher tem medo de algo? Engula. A esposa está triste porque a melhor amiga tem câncer de mama? Está bem, mas o que ela pode fazer para resolver a questão? Você quer que seu marido se sinta mal com relação a isso, que desacelere e sinta como é receber tal notícia?

Muitas mulheres acham difícil acreditar que os maridos não conseguem compreender as emoções dolorosas mais simples. Elas levam para o lado pessoal quando seus maridos não dedicam tempo para oferecer apoio e respostas atenciosas, e verdadeiramente compartilhar as emoções. Não estou dizendo que eles não consigam, nem que você deveria perder as esperanças. Estou apenas dizendo que, para a maioria dos homens, o ponto de partida está mais distante do que se pode imaginar.

Mas ele era mais sensível

Sem dúvida, é possível que seu marido fosse diferente durante o namoro. Você pode dizer que ele sabe como ser tão maravilhosamente atencioso porque o era antes ou não teria se casado com ele. Mas essa característica se encaixa na atitude vencedora do homem. Durante o namoro, ele tinha um objetivo e era capaz de fazer qualquer coisa para alcançá-lo, conseguir seu amor e fazê-la casar-se com ele. Porém, uma vez casada, havia novas conquistas para alcançar, como cuidar da família, comprar a casa, construir uma carreira profissional melhor, e esses objetivos facilmente tornaram-se o foco da nova atitude vencedora.

Nicole contou-me o quanto o marido mudara. "Rick era inacreditavelmente atencioso e sensível antes de nos casarmos. Todas as minhas amigas telefonavam e conversavam com ele porque era o único que as compreendia e podia dar um ponto de vista masculino sensível. No meu aniversário, dois meses antes do casamento, ele conseguiu que o chefe de cozinha do meu restaurante favorito fizesse um jantar inacreditável, servido em uma área reservada de uma praia, onde foi montada uma mesa especialmente para essa ocasião. Na época da mudança para a casa nova, ele conseguiu um carpinteiro para criar um espaço a fim de organizar os sapatos em meu closet. Achei que estava com a vida ganha. Mas então, logo depois do casamento, Rick abriu a própria agência de publicidade. De repente, senti como se toda a atenção aos meus detalhes houvesse se direcionado para os clientes dele."

Nicole testemunhou incrédula Rick contratar o mesmo chefe de cozinha que fez seu jantar de aniversário para cozinhar para uma festa extravagante em um iate alugado no feriado. O marido gastava cada momento levando-a ao shopping para comprar os mais puros charutos, as marcas mais raras que os clientes preferiam, enquanto não havia energia alguma para encontrar a difícil bolsa Birkin da Hermès, que ele havia prometido para o próximo aniversário de casamento. "Não que eu não entendesse toda a energia que ele tinha de dedicar ao trabalho. Era apenas muito estranho como a atenção e a sensibilidade comigo haviam se perdido completamente e estavam agora concentradas nos clientes dele. Sei que não sou louca. Se contasse essa história a alguém desconhecido, essa pessoa diria que eu deveria ter previsto tal situação. Mas não era um caso de 'o amor é cego'. Ele era de fato muito diferente antes de casarmos. Ele é o mesmo homem atencioso. É que, de alguma forma, não está mais concentrado em mim."

Certamente, seu marido é muito emotivo. No entanto, ele foi ensinado, repetidas vezes, a pensar em vez de sentir e a colocar as emoções em segundo plano. Portanto, não teve a experiência que você desejava em termos de conscientização e expressão das emoções. Ao mesmo tempo em que foi ensinado a manter as emoções distantes, foi educado para fazer tudo por um companheiro de equipe, para ter fraternidade e arriscar tudo pelos laços que tem com esses companheiros. É por isso que tantos homens apresentam um quadro muito complexo. Eles são evidentemente emocionais, e as mulheres identificam essa característica, mas, ao mesmo tempo, os homens não são emocionais nas áreas em que deveriam. Elas não têm outra escolha, a não ser levar para o lado pessoal.

A boa notícia é que os homens amam de fato. Eles desejam desesperadamente amar e ser amados e esse é o elemento-chave que possibilita a ocorrência de casamentos incríveis. Mas quanto mais conhecimento tiver dos sentimentos de seu marido, mais fácil será salientar a melhor parte emocional dele.

O principal erro das esposas: se o elogiar, ele nunca mudará

Tenho aconselhado um número considerável de mulheres e descobri que algumas ficam preocupadas em expressar apreço pelos maridos e eles entenderem que não precisam mais se esforçar. Essa forma de pensar não ajudará a realização de seu objetivo. É possível que as esposas dos homens infiéis não os elogiassem muito na esperança de que a demonstração da insatisfação os motivasse a mudar.

Os homens são motivados pelo apreço. Eles não dizem "Ótimo, eu a tenho onde quero. Ela pensa que sou fantástico. Portanto, posso parar de tentar agradá-la ou de me esforçar para ganhar mais dinheiro". Eles sabem que as contas podem aumentar no próximo ano. Não se esqueceram de que a esposa gostaria que passassem mais tempo com ela e menos tempo jogando pôquer on-line. O reconhecimento não o estimulará a reduzir os esforços físicos e emocionais. Só proporcionará mais carinho entre os dois e alimentará o desejo de fazer a esposa feliz.

Miguel teve de cuidar dos filhos para a esposa sair à noite com as amigas. Não foi fácil para ele quando o de quatro anos vomitou mais de uma vez e Miguel fez o que pôde para limpar a casa e manter tudo calmo.

"Então, na noite seguinte, quis convidar alguns colegas para assistir à Copa do Mundo e minha mulher recusou porque deveríamos visitar os pais dela que ficariam na cidade por seis meses. Disse-lhe que havia tomado conta das crianças na noite anterior, o que deveria ser considerado. Ela me disse que os filhos também eram meus; portanto, por que eu deveria ganhar crédito por ter cuidado dos próprios filhos? Sei que ela tem razão, mas fiquei muito frustrado. Depois de brigarmos feio, ela disse que se me deixasse assistir dessa vez eu entenderia como se pudesse assistir à Copa do Mundo inteira com meus amigos. Francamente! Eu sabia que não era adolescente, que tinha responsabilidades. Aquilo realmente me aborreceu porque era como se ela dissesse que se casara com um imbecil. Eu já agi inúmeras vezes de forma atenciosa para ter de ouvir que não posso fazer algo porque então o farei o tempo todo."

Miguel falou comigo como muitos homens que percebem que as esposas evitam os comentários e gestos de reconhecimento por algum motivo oculto. Eles se sentiam menosprezados e controlados por saber que elas não queriam ser muito gentis por acreditarem que tal gesto os levaria a parar de fazer o que elas queriam.

Por que tenho de elogiá-lo para que ele seja bom para mim?

Muitas vezes, é um problema para as mulheres pensar que os maridos somente serão bons para elas se souberem que conseguirão algo em troca. "Quero um homem que me ame incondicionalmente, deseje apenas estar comigo e me ame pelo que sou."

É uma premissa compreensível, mas revela o desejo de ser completamente amada além do que pode fazer pelo marido. Todos desejam sentir-se totalmente aceitos, mas isso está mais para a fantasia que para a realidade. A realidade é que somos julgados e desenvolvemos nossos relacionamentos baseados no que levamos para eles. Somente os pais podem sentir esse amor e aceitação totais, mesmo que o filho aparentemente não "faça" nada para eles. Mas lembre-se de que o filho é uma parte genuína dos pais, portanto, mesmo que não faça nada, ainda será amado porque é uma extensão deles. O sucesso do filho é o sucesso dos pais.

Dar ao marido o que ele deseja não reduz o amor dele por você, ou o desejo de agradá-la. Não significa que ele só será gentil esta semana se você for gentil com ele, nem que não estará ao seu lado se — que Deus não o permita — você for hospitalizada por um mês e não puder dar a atenção que ele gostaria. Quanto mais gestos apreciativos, maior a probabilidade de ele se sentir bem em dar o que você deseja. Esse é o verdadeiro amor: aprender a identificar o melhor naquele que amamos com nosso esforço.

A *história de Rachel: férias reparadoras*

No começo, Rachel ficou furiosa quando o marido desistiu dos planos de férias. Ele viajava incessantemente a serviço e quando estava na cidade trabalhava até tarde quase todas as noites. Logo, quando ele teve uma possibilidade de uma semana de férias, a ideia de Rachel encontrá-lo para um circuito de *mountain-biking* parecia absurda. "Quero dizer, ele nunca vê as crianças o suficiente e, na única semana de férias, ele decide passar a metade distante delas? Compreendi que ele precisava renovar as energias e soltar-se, mas os filhos precisam do pai." Então Rachel falou com a mãe, que, surpreendentemente, ofereceu-se para ficar com as crianças enquanto ela viajava com o marido. "Não podia acreditar. Tinha certeza de que minha mãe ficaria tão transtornada quanto eu, mas ela de fato parecia achar que era muito bom meu marido querer sair de férias somente comigo, então fui. Trabalho também, mas gosto de relaxar. Também tive de tirar uma semana de férias e tudo que não queria era passear na montanha com um grupo de atletas.

"Bem, foi a decisão mais sábia que tomei. Em primeiro lugar, ele ficou tão grato que foi gentilíssimo, como nunca, durante a viagem, bastante preocupado se eu estava me divertindo. Ao longo desse tempo, admitiu que nunca, em milhões de anos, pensou que eu aceitaria. Deu-me a chance de falar sobre o quanto sentíamos a falta dele em casa e o quanto as crianças precisavam dele. Pela primeira vez, realmente prestou atenção e voltamos com um plano de fim de semana que incluía tempo familiar, e ele o cumpriu. Quero dizer, eu sempre quero mais, mas já foi um grande avanço e, de fato, pela primeira vez, senti que estávamos trabalhando juntos para o bem das crianças."

Rachel aprendeu em primeira mão que gestos atenciosos e apreciativos são muito bons para o relacionamento com o marido. Na maioria dos casos, esse apreço não o faz ignorar seus desejos. Ele o motiva a querer agradá-la mais. Se deseja a atenção dele, comece com reconhecimento carinhoso.

Encontre a bondade dele

Como se deve mostrar o reconhecimento? Da mesma forma que o marido o faz: do modo como o cônjuge *deseja* ser apreciado. É possível que queira flores, joias, elogios verbais, café da manhã na cama. O que seu marido deseja? Avalie-o. Ele quer que o aprecie com gestos significativos. Deixá-lo escapar do banho uma noite porque teve um dia cansativo; dar tempo a ele para assistir ao jogo; dizer o quanto ele a excita. Quais gestos e palavras mostrariam seu apreço?

Infelizmente, seu marido não dirá o que fazer com tanta clareza. Pode ser que ele comece a apalpá-la, deixe escapar num murmúrio de que nunca tem tempo para assistir ao jogo, e assim por diante. Mas ele não segurará carinhosamente suas mãos e dirá: "Adoro quando você aprecia meu trabalho árduo reservando tempo para fazermos amor." Verbalizar com tal clareza não é o ponto forte dele. Dependerá de você considerar quais seriam as formas significativas de apreciá-lo.

Houve outra mensagem que os homens infiéis compartilharam. Eles não pediam que as esposas os valorizassem muito. Apenas sentiam que o reconhecimento delas e os gestos atenciosos haviam diminuído até a suspensão total ou até o ponto de desenvolverem a sensação de que não haviam feito nada certo.

Sua função não é tornar-se uma máquina de apreço, é apenas continuar acrescentando-o aos seus gestos amorosos. Faça-o e as chances de ele algum dia trair diminuirão bastante.

O gesto de reconhecimento de Cynthia foi criativo. Portanto, ficou em minha memória. Ela se filmou cantando a canção "deles" e colocou-a no YouTube com uma mensagem no fim. Uma noite, quando o marido estava trabalhando no computador, ela o interrompeu e acessou o videoclipe. "Ele ficou emocionado. Inesperadamente, os amigos dele começaram a comentar o quanto desejavam que as esposas fossem tão gentis e apreciativas. Ganhei muitos pontos com esse gesto. Ele pode assistir repetidas vezes e ficar ouvindo o quanto eu o amo e sou grata por tê-lo."

Aprecie seu marido

Liste as formas de mostrar reconhecimento que acha que seu marido gostaria:

Como posso mostrar reconhecimento verbalmente?

Como posso mostrar reconhecimento fisicamente?

Como posso mostrar reconhecimento com gestos amorosos e atenciosos?

Os três segredos para compreender seu marido

1. Ganhar é tudo

Geralmente, os homens não se interessam em lutar por uma causa perdida. Foram treinados para determinar como vencer e, se não conseguem a vitória como um time, ao menos, têm de vencer como indivíduos. Já viu alguma vez os homens assistirem aos esportes profissionais? Já viu o humor deles mudar dependendo do resultado do jogo a que assistem ou em que participam? Muitos homens nesta pesquisa confirmam essa atitude vencedora ao falar sobre o casamento, com frases muito comuns como "eu sentia que não conseguia ganhar, não importava o que fizesse". Ao perceber que a esposa está tão frustrada com ele que não conseguirá mais vencer, o marido imediatamente afasta os sentimentos com relação a ela. Por sua vez, tal afastamento emocional faz com que a esposa fique mais zangada, o que resulta em cada vez menos tentativas dele. A mulher insiste, porque precisa que ele faça uma mudança real e não quer que ele acredite que um único ato gentil eliminará todos os outros atos insensíveis. Portanto, mesmo depois de ele fazer algo gentil, ela é cuidadosa para não mostrar valorização demais, com medo de que ele pense que tudo está bem, que tudo voltou ao normal, e pare de se esforçar. Essa é uma situação muito comum sobre a qual os homens falaram, e trata-se de um sistema que não dá certo.

Um marido na minha pesquisa reclamou que todas as vezes que chegava em casa depois do trabalho era recebido com um olhar de desdém da esposa. Todos os dias ela ficava transtornada com ele por tudo. Não demorou muito para ele não querer mais voltar para casa. Ele admitiu ser difícil viver com ela, mas ainda achava ser um pai excelente e trabalhava muito para sustentar a família. Por um lado, ele sabia que podia ser muito melhor. Compreendia as reclamações da esposa. Mas, por outro, achava que não era tão horrível quanto ela o fazia sentir.

"Quero dizer, era como se não houvesse nada de que ela gostasse em mim. Por que mudaria um milímetro sequer por ela? Simplesmente não conseguia vencer."

Passado algum tempo, tornou-se muito fácil para ele ficar íntimo da amiga da esposa, que também estava infeliz no casamento.

"Tínhamos muito em comum. É claro que era errado, mas ela gostava de mim. Sabia que provavelmente ela pensaria diferente se morasse comigo, mas era simplesmente muito bom."

A esposa dele compartilhou comigo que estava zangada e achava que simplesmente aceitá-lo não era o suficiente. Ela decidiu que não ficaria com ele, a menos que ele mudasse a capacidade de estar emocionalmente relacionado a ela. Mas o que ela veio a entender por meio de um sofrimento incrível foi que o fato de sempre criticá-lo nunca o deixaria ganhar e, portanto, nunca conseguiria motivá-lo a ser uma pessoa mais emocional.

A *história de Phil: uma situação vencedora*

"Não traí, mas quase", disse Phil no começo de nossa entrevista. "Fiquei muito amigo de uma pessoa no trabalho, com a qual deveria viajar para uma conferência e teria ido longe demais. Porém, talvez uma intervenção divina fez com que certos acontecimentos em minha vida me salvassem. Dias antes da viagem, minha esposa e eu saímos com alguns amigos numa noite de sábado. Eram uns caras mais jovens do trabalho, na maior parte solteiros. Estávamos casados havia 14 anos na ocasião, e era diferente estar com pessoas mais jovens e ouvir sobre o que conversavam. Ao chegarmos em casa, minha mulher olhou para mim e disse que ainda se lembrava do por que se casara comigo naquela noite. Disse que ter estado com aqueles jovens mostrara o quanto eu era precioso e o quanto estava feliz de ter passado a juventude comigo. Olhar para aqueles jovens a fez simplesmente dizer as palavras mais gentis para mim.

"Então, na segunda-feira, ela enviou uma única rosa amarela para meu escritório. Quando éramos jovens, ela adorava rosas amarelas e, com frequência, eu enviava dúzias para o trabalho dela. Havia um cartão com palavras semelhantes às que dissera no sábado. Aquela atitude foi muito significativa e, sinceramente, foi decisiva para determinar se deveria embarcar com a mulher com quem tinha feito uma amizade mais íntima. A viagem foi na quarta-feira e durou até o fim de semana. Desisti de fato da outra mulher e ela ficou chocada, mas expliquei que havia cometido alguns erros, deixando a amizade ir longe demais. Claro que ela era muito mais jovem, e eu havia perdido um pouco a cabeça. Mas minha esposa lembrou-me no momento certo que não valeria à pena. Nunca perguntei à minha esposa se o que fizera foi por sentir que eu estava me deixando levar, mas seja qual for o caso, ainda assim, me marcou para sempre."

Portanto, não adianta não dizer nada e não ter nenhum reconhecimento positivo quando ele ligar avisando que chegará mais tarde por causa de um jantar depois de você ter gritado com ele cinco vezes na semana passada por tê-la deixado esperando sem avisar. Sei que você sente, e talvez esteja certa, que ele não deveria ser reconhecido por uma cortesia corriqueira. Mas se o esforço dele não obtiver nenhum reconhecimento — seja com um rápido "muito obrigada" ou, muito melhor, com um abraço amável, quando ele chega em casa —, ele não terá uma vitória e haverá pouca motivação na mente masculina de que ele continue nesse caminho. Na verdade, os homens não pensam em "vencer" com as esposas, mas, na realidade, em algo como "O que adiantou? Telefonei como ela queria e ainda assim ela ficou chateada".

Os homens na minha pesquisa me ensinaram muito claramente que quando não conseguem vencer em casa, começam a procurar a vitória em outro lugar.

Alguns homens disseram que as esposas desconfiavam tanto que eles estivessem traindo que eles acabavam traindo de fato. Respondi com o óbvio: "Mas se acabou traindo, isso não prova na realidade que sua esposa estava certa ao desconfiar?" Eles não deram uma resposta clara, mas afirmaram que achavam que, se as esposas não ficassem constantemente tentando pegá-los, não teriam traído. Eles pensavam: "Por que me esforçar para não trair, se minha esposa pensará que estou traindo de qualquer forma?" É um conceito simples de perda-perda para esses homens. Se não conseguem vencer em casa, é hora de encontrar um novo jogo no qual consigam ganhar.

A recíproca também é verdadeira. Ao sentirem que conseguem vencer em casa, os homens vão até o enésimo grau para satisfazer a esposa. Portanto, aprender a ter gestos amorosos e apreciativos dará a você um marido que continuará a trabalhar para ser mais sensível e emocional. Ele se esforçará arduamente para ser um vencedor no casamento e na família, se você guiá-lo pelo caminho da vitória. Ao sentir que está ganhando terreno, seu marido continuará a se esforçar de verdade para retribuir seu amor por ele de forma constante.

2. Os homens separam os sentimentos

Os homens acham difícil compreender por que as esposas não conseguem controlar as emoções e lidar com elas em outro momento. As mulheres não gostam quando os maridos não dedicam alguns minutos ao telefone para conversar sobre os problemas delas. É possível que esteja pensando: "Bastaria um simples comentário solidário e eu o deixaria em paz." Pode ser que esteja certa, mas seu marido não pensa ou fala sobre emoções tão facilmente quanto você. Portanto, se você se envolveu em um acidente de carro, provavelmente seria fácil para ele dizer: "Meu Deus, você está ferida? Você está bem?" É possível que ouça um "Você deve estar muito abalada". Mas quando telefona angustiada porque o filho de cinco anos foi ferido por outra criança na creche com um pedaço de galho de árvore, ocasionando um pequeno corte sob o olho que poderia tê-lo deixado cego, seu marido não sabe por que tem de lidar com aquilo naquele momento.

Você está angustiada e zangada? Está certo. Se o filho está bem, então não há emergência. Sua emergência é sua raiva protetora e legítima. A probabilidade maior é de que as mulheres que trabalham fora encerrem o dia antes; falem com a babá; saiam do trabalho mais cedo do que o homem. Mas seu marido acha que a situação pode esperar. O pedido dele para que espere e controle as emoções não significa ser insensível. É o que ele pediria para si mesmo. Se recebesse o telefonema e soubesse da mesma informação, muito provavelmente continuaria trabalhando e deixaria para ligar mais tarde para o diretor e dizer o que pensava. Infelizmente, ele não o diz para você e, possivelmente, ignora seus sentimentos, pensando: "Se a criança está bem, continue trabalhando e resolveremos esse problema mais tarde." Se continuar a falar sobre o assunto e até insinuar que ele está sendo insensível por não parar o trabalho para acalmá-la e aliviá-la, você arrisca ouvi-lo dizer que está sendo insensível por não respeitar o dia de trabalho dele, pois você quer lidar com o problema naquele momento.

A história de Henry: encontrando um meio-termo

Henry e a esposa trabalhavam na área jurídica, mas em empresas e áreas diferentes. "Ela estava sendo vítima de calúnias no trabalho e certamente eu me sentia mal por ela, mas o trabalho absorve muito nosso tempo. Ela me telefonava e qualquer conselho que eu dava a irritava, principalmente para que ficasse calma e pensasse a respeito. Então ela prosseguiu e fez o que queria. Assim que levou o caso ao superior de seu chefe, o escritório inteiro sofreu uma reviravolta e ela começou a ser tratada como um lixo pelos colegas. Está bem, compreendo. Mas ela me telefonava no trabalho reclamando de tudo.

"E eu pensava 'Se tivesse me ouvido, não estaria nessa situação. Por que tenho de ouvir as reclamações dela?' Ela nunca reconheceu que minhas sugestões eram as corretas. Entrar no mercado de trabalho e ver o quanto era difícil não parecia fazê-la apreciar-me mais pelo que eu tinha de suportar. Então, ela quis se demitir, o que teria significado um imenso baque no nosso objetivo financeiro. Fiquei realmente zangado. Simplesmente não queria ouvir nada mais e expliquei que não queria que ela me telefonasse no trabalho, ponto final, e que não queria ouvir mais nada sobre o assunto". Logo depois, a esposa de Henry encontrou o próprio apoio emocional on-line em um grupo de apoio a mães que trabalham fora. Não demorou muito para que cada um tivesse interesses próprios.

"Ela passava muito tempo no computador para acessar o apoio do grupo e eu assistia muito mais à TV. Paramos de sair e fazer sexo e, para mim, estava praticamente tudo terminado."

É possível que agora queira encontrar um meio-termo, já que sabe mais sobre como seu marido funciona. Se ele não consegue ajudá-la em seus sentimentos nesse exato momento, aprendam juntos a encontrar um meio-termo para lidar com as questões mais tarde, à noite, por exemplo. Talvez fique preocupada pensando que ele nunca desejará lidar com quaisquer sentimentos quando chegar do trabalho, mas ele o fará se sentir que tem algo a ganhar. Ao mesmo tempo, peça que diga apenas que está muito ocupado e que lamenta por você, mas que gostaria que esperasse até a noite para conversarem sobre o assunto. Dessa forma, você obtém um envolvimento momentâneo dele ao ouvir sobre seus sentimentos e, em seguida, ele pode continuar trabalhando.

3. Os homens não gostam de complicar nada

Os homens foram treinados para resolver problemas e seguir em frente. Fora isso, não têm muita certeza do que devem fazer. Se você compartilhar um problema com seu marido, a resposta mais provável será algo nos seguintes termos: "Bem, por que você simplesmente não ...." Ele não sabe que não está interessada ainda em uma solução, mas sim em uma compreensão. Ele foi ensinado a nunca admitir as próprias emoções e a não esperar que os outros se reúnam ao redor dele e sintam com ele. É por isso que provavelmente ficará resistente a sua expressão emocional de apoio a ele.

Ele não quer ouvir você dizer com uma voz suave: "Sinto-me muito mal por seu chefe tê-lo constrangido diante dos colegas e feito você se sentir humilhado." Ele quer ser um vencedor e quer que compreenda, não com comentários sensíveis, mas com amor emocional. Ele necessita que você seja especialmente gentil com ele aquela noite e o faça sentir como se o idiota do chefe dele fosse um perdedor e ele um vencedor porque vai para casa à noite, para uma esposa que o ama e deseja fazer amor com ele.

Uma vez que seu marido não procura o mesmo tipo de comentários sensíveis quando está transtornado, ele não consegue perceber muito claramente que você necessita de palavras de estímulo, amor e apoio quando compartilha as lutas ou as realizações diárias. Ele a ama e quer fazê-la feliz, mas isso não será a primeira resposta que ocorrerá a ele. Portanto, muitas vezes, você deverá dar uma pista do que deseja, porque não é a reação instintiva dele no mundo dos homens vencedores. O mundo dele é a essência da simplicidade.

"Se machucou, filho? Não? Então cai fora e vai brincar. O quê? O ombro está doendo? Você tem outro ombro, use-o." Ele adoraria amá-la da forma que você gostaria, porque, no fundo, ele busca tanta conexão emocional quanto você. Ele apenas foi treinado para controlar as emoções de forma muito diferente.

Como mostrar apoio

Pense em como pode mostrar apoio e afeto. Em primeiro lugar, quando ele contar uma história sobre alguém que o prejudicou, tome o partido dele imediatamente. Diga que acha que o outro é o errado, desagradável e inconveniente, se qualquer um desses adjetivos for verdadeiro, o que não é nem um pouco diferente do que gostaria que fizesse por você. É possível que você queira que ele o diga com uma voz amorosa e suave, mas ele, por sua vez preferirá que você o faça com uma voz mais seca, semelhante ao tom dele. Tenha cuidado para não usar gestos maternais quando ele estiver compartilhando um problema ("Ah, querido, isso não foi agradável"). Ao contrário, fale para o lado masculino de seu marido. Pense em como o melhor amigo dele responderia e chegue o mais próximo possível ("Seu chefe é um idiota. É óbvio que está irritado"). Deixe que suas emoções encontrem as dele. Se ele estiver zangado, permita-se ficar um pouco mais exaltada e mostre que está zangada por ele. Se ele estiver contente, sorria francamente e diga que ele merece. ("Inacreditável, você deve estar nas alturas. Você mereceu, depois de tudo que passou lá").

Novamente, não se transforme em mãe ("Uau, estou tão orgulhosa de você"). Pode fazer afirmações maternais mais tarde, quando estiverem associadas a um gesto de apoio ou escritas em um cartão, mas elas não são o que ele deseja compartilhar no momento. Mais tarde, pode perguntar se talvez a pessoa com quem ele está zangado o irritou por que entendeu mal a situação. Você pode tentar ajudar seu marido a encontrar outra forma de olhar para a situação. Mas isso só deve ser feito, se necessário, mais tarde, em um momento calmo. Se o fizer enquanto ele compartilha os sentimentos com você, ele considerará falta de companheirismo, que você está tomando o partido do outro e que não está ao lado dele.

> **Os três segredos para compreender seu homem**
>
> 1. Ganhar é tudo. Tenha certeza de que ele sente que pode conquistá-la. Mostre que, apesar das falhas e dos erros dele, você enxerga suas melhores qualidades e por isso o ama.
>
> 2. Os homens separam os sentimentos. Evite ligações complicadas no meio de um dia de trabalho. Crie uma situação na qual ele tenha tempo para ouvi-la. De preferência, em uma hora calma e relaxante, quando estiverem bem aconchegados.
>
> 3. Os homens não gostam de complicar. Gostam de dar respostas e seguir em frente. Forneça pistas sobre o que realmente quer: uma resposta de compreensão da situação e demonstração de apoio, seguida de perguntas que mostrem interesse pelo problema. É o tempo para ele ouvi-la e conhecê-la melhor. Diga que não quer que ele julgue seus sentimentos. Ele não precisa concordar ou discordar, apenas tentar sentir o que você está sentindo.

Uma massagem suave nos ombros, nas costas e nos pés é um gesto físico que diz: "Obrigada por compartilhar. Compreendo que você possa aceitar um pequeno afeto extra e sou exatamente a pessoa que pode dá-lo, portanto continue a compartilhar comigo." Cozinhar, organizar uma refeição ou planejar o momento de diversão são gestos simples, mas muito apreciados. O sexo é outro gesto maravilhoso, porque não é condescendente e sempre o faz sentir querido e aceito. Significa: "Não me importo com o que o mundo dá a você, aqui em casa você é o maior e merece meu amor. Eu sempre quero ficar ao seu lado." Todos esses exemplos de gestos de apoio servem como excelentes contrapesos para as mensagens que ele recebe do mundo externo e com as quais muitas vezes ele não está satisfeito. Essa é a forma de fazer seu marido conversar sobre os problemas dele com você regularmente e mantê-lo ao seu lado.

Como dar pistas para ele

Sabemos que os homens são diferentes das mulheres. Com grande frequência, você admite que seu marido sabe como se relacionar com você regularmente. Como a maioria das habilidades conjugais, é necessário tempo e repetição para aprender os hábitos e preferências singulares do cônjuge. Infelizmente, costumamos esclarecer o que desejamos somente após a frustração, quando sofremos as consequências. Nesse meio-tempo, nosso companheiro se sente atacado e não nos compreende. Pense em uma conversa agradável para ensiná-lo a conquistá-la e a se relacionar intensamente com você. Eis dez dicas que podem ajudá-la.

1. Você precisa ajudá-lo a entender o que você está procurando. Provavelmente, terá de desenhar um mapa para ele.

2. Você não quer um conselho rápido. Portanto, terá de expressar tal vontade para ele. Explique que está muito interessada no conselho dele, mas que não é isso o que está procurando quando compartilha qualquer situação. O conselho pode vir depois.

3. Você quer que ele a compreenda. Peça para esquecer um pouco de si, para não pensar em nada relacionado a ele naquele momento e apenas refletir: "Como minha esposa se sente nesta situação que está compartilhando comigo?"

4. Diga a ele que *compreender* seus sentimentos não significa necessariamente concordar com você. O homem morre de medo desse conceito. Ele pensa que compreender como você se sente quando ele chega em casa tarde do trabalho significa que terá de parar de trabalhar até tarde. Não é verdade. Ele pode ser sensível com seu dilema e ainda explicar por que deve trabalhar até tarde. Espera-se que a compreensão dele o ajude a se comprometer criativamente, de forma

que ambos sentirão que fizeram gestos levando em conta o ponto de vista de cada um.

5. Dê alguns exemplos concretos do que gostaria de ouvi-lo dizer em resposta ao compartilhamento de seus problemas pessoais: "Compreendo o quanto está zangada/triste/estremecida/nervosa." Ele precisa saber que não tem de dizer muito, mas ser um bom ouvinte, oferecendo comentários indicadores de que a está acompanhando.

6. Diga que não deveria desviar o olhar para o Blackberry ou para a TV para saber rapidamente o fechamento do dia enquanto está compartilhando o problema com ele.

7. Diga para ele falar "Me conta mais", como uma forma de demonstrar que está interessado. Diga para fazer perguntas adicionais que darão a você a oportunidade de fornecer mais informações sobre os pensamentos e sentimentos que está compartilhando.

8. É possível que você deseje um abraço no momento em que esteja expondo um problema difícil. Não deixe de dizer que, como regra geral, ele deveria abordá-la com um abraço e gestos gentis. Não suponha que ele saiba disso, porque provavelmente ele *não* deseja um abraço empático e gentil quando compartilha com você algo ruim ocorrido no dia.

9. Diga para não fazer piada no momento em que estiver compartilhando seus problemas, mesmo que isso seja o que ele gostaria, se as circunstâncias fossem reversas.

10. Algumas mulheres não gostam de sugerir essas dicas para o marido, pois acham que acabam com a espontaneidade e que não são tão especiais, a menos que ele venha a entendê-las por conta própria. Tente ver além. Provavelmente, ele não

sabe o que você está procurando. E, para a maioria dos homens, saber o que fazer para satisfazer as necessidades da esposa é tão estranho que elas precisam repetir essas mensagens ao longo do tempo. Ele realmente quer agradá-la e sentir que a conquistou.

A *história de Ann: questões familiares*

Ann tinha chegado ao limite com a irmã mais velha. Como sempre, embora fosse muito gentil para que a irmã se sentisse extraordinariamente confortável quando ia visitá-la, o sentimento nunca era recíproco quando Ann ia à casa da irmã. Por ter melhor condição financeira, Ann pagava as passagens da irmã e se esforçava muito para que ela se sentisse hospedada no Ritz. Porém, na última visita de Ann, sua irmã não só deixou de arrumar o quarto, mas também havia feito "planos que não poderia deixar de cumprir" durante duas das quatro noites que Ann passou em sua casa. A irmã era a única parente próxima, pois os pais e o irmão mais novo já haviam falecido.

"Quando compartilhei o problema com meu marido, Gerald, tudo que queria era que compreendesse e me ajudasse a pensar em uma forma de conversar sobre o assunto com minha irmã. Ele trabalha com negociações, portanto, se alguém poderia me ajudar a conduzir a conversa, era ele. Ao contrário, de uma forma arrogante, ele me disse para nunca mais visitá-la novamente e parar de reclamar. Disse então que se recusava a ir ao casamento do filho da minha irmã naquele ano por causa da forma como ela me tratara. Era como se fosse muito mais fácil para ele apenas dar esse pequeno e simples conselho sem consideração alguma pelos meus sentimentos."

É claro que Ann ressaltara questões lógicas. Mas o marido foi indiferente? A versão dele foi de que fizera exatamente o que pensava que Ann queria dele. Resolvera o problema. Ele afirmou estar tão transtornado pelo que aconteceu com ela que queria apenas protegê-la, evitando que aqueles sentimentos dolorosos ocorressem novamente. Ele perdeu uma oportunidade importante, mas não foi por não se importar.

Encontre tempo para amarem-se

Muito frequentemente, ouço especialistas em casamentos se esforçarem tanto para ensinar o "desenvolvimento de habilidades" que o processo todo parece predestinado ao fracasso desde o início. Poucas mulheres desejam voltar à escola para aprender como se entender com o marido. E não acredito que os casais hoje tenham perdido de repente a habilidade de conversar de forma apropriada. Acredito que a sociedade de hoje perdeu a paz.

A melhor forma de descrever o que quero dizer é por uma conversa que tive uma vez com minha tia Sylvia, casada há 45 anos e ainda fala de casamento de uma forma calorosa e maravilhosa. Ela me explicou que, quando se casou pela primeira vez, ela e meu tio não podiam pagar um telefone fixo, pois não era comum tê-lo na época. Portanto, durante todo o primeiro ano de casamento, eles chegavam do trabalho e da escola e ficavam em casa, sozinhos, um com o outro, sem interrupções, nem mesmo do telefone. Soava como uma realidade alternativa para mim. Mas algo me ocorreu. Não acredito que fossem especialmente mais habilidosos no casamento do que a maioria das pessoas hoje, eles apenas tinham o que poucos de nós temos agora: momentos ininterruptos juntos. Em algum lugar entre nossos BlackBerries (minha esposa chama o meu de "CrackBerry", alegando ter lido um estudo que igualava as ondas cerebrais dos usuários de BlackBerry com as dos viciados em crack), celulares, e-mails e computadores, temos a obrigação de encaixar um pouco de tempo conjugal aqui e ali. A vida era um desafio apenas porque tínhamos de cuidar das crianças, das contas e da vida social. Hoje, o mundo está na ponta dos dedos e afastou os cônjuges.

É muito fascinante ver que, se eu perguntasse o que é necessário para ser uma mãe excelente ou uma ótima profissional, imediatamente você diria algo como "muito trabalho, esforço enorme, foco intenso". Mas se eu perguntasse o que é necessário para ser uma excelente esposa, provavelmente você coçaria a cabeça um pouco e refletiria em voz alta "Bem, saímos de férias um dia desses no último milênio. Almoçamos fora recentemente... ah, espere, não foi almoço, foi um enterro". Parece que todos desejam ignorar no casamento os princípios básicos para o sucesso em qualquer outra área da vida e, de alguma forma, esperamos um resultado glorioso. Não aposte nisso. Para cultivar a intimidade e o apreço no relacionamento, provavelmente vocês necessitarão de mais foco e tempo juntos. Muitos casais dizem que são ótimos nas férias, mas isso não corresponde ao mundo real. O que não percebem é que encontraram a resposta para os problemas, mas não sabem como introduzi-la no cotidiano. Eles não precisam de um seminário para casais no fim de semana para ensiná-los a dizer "eu sinto" em vez de "sua mãe megera me disse...", embora eu acredite que esses seminários ajudem muito. O que você quer é uma atitude que a force a dedicar tempo ininterrupto à tranquilidade da sua relação. Tempo para conversar, ver algo divertido na TV, cozinhar e limpar a casa juntos, ler lado a lado.

Segundo Cecile Andrews, em seu livro *The Circle of Simplicity* [O círculo da simplicidade], os casais norte-americanos típicos gastam somente 12 minutos por dia conversando. Formidável, e há tempo para alguma valorização? Curiosamente, segundo Andrews, o norte-americano típico passa seis horas por semana no shopping. Peço a todos os casais que ajudo a passarem no mínimo quatro períodos de 45 minutos ininterruptos por semana juntos. Esse tempo não tem de ser preenchido com conversa. Muito pelo contrário. A maioria dos homens realmente não deseja ser envolvida em conversas "emocionais" sobre como o casamento está indo. Apenas falam logo e desejam acabar com isso. Você não tem de conversar sobre questões emocionais profundas para melhorar o casamento. Tem apenas de criar espaço suficiente para que os dois deixem que a natureza fortaleça a união. Divirtam-se, falem sobre política, reclamem de seu sacerdote (sou rabino, posso dizer isso). Seja o que for que façam juntos, mesmo em casa, isso contribuirá para que vocês se sintam um casal novamente, e esse foco os ajudará a ter gestos amorosos automaticamente.

Outra forma básica de ajudar o lado emocional do relacionamento é sair à noite. É possível que já tenha ouvido esse conceito antes. Minha receita é de uma noite por semana, no mínimo duas horas sozinhos. Não convidem outro casal ou o irmão deprimido para acompanhá-los. Os amigos podem encontrar vocês após duas horas, se quiserem. Podem conversar sobre qualquer assunto exceto três: filhos, dinheiro e negócios. Sei que provavelmente está pensando o que todo mundo me diz: "Do que mais vamos falar então? É só sobre o que conversamos." Lembram-se de quando estavam namorando? Falem sobre os assuntos que conversavam na época. Preparem-se um pouco para a ocasião. Façam algo interessante e alegre. Pesquisem alguns sites divertidos na web. O fato é que tenho certeza de que vocês não falavam incessantemente sobre o estresse do dinheiro, dos filhos e dos negócios quando estavam namorando, porque, se falassem, nunca teriam se casado. Esse tipo de conversa não faria vocês se apaixonarem. Não sei por que vocês pensam que ela sustentará o amor que sentem um pelo outro.

"Era o que menos queria fazer", disse Frank, se referindo à ideia da esposa de se divertirem namorando. "Mas eu a traíra um ano antes e uma das minhas promessas para ela quando resolvemos tudo era tentar algo novo e passar mais tempo juntos. Pensava que poderíamos apenas ir ao cinema e jantar. Quando ela disse que nos inscrevera em aulas de dança de salsa, quis gritar. Mas acabou sendo o melhor. Foi divertido fazer algo que nunca havíamos feito antes e em que não éramos muito bons. Com o tempo, não só gostamos de dançar como também começamos a sair mais para outros clubes. Repentinamente, tínhamos algo em comum de que realmente gostávamos. A dança aproxima e é muito sensual. Além disso, os outros casais do grupo eram pessoas que queriam passar tempo juntos no casamento. Portanto, me distanciei de todos aqueles amigos que sempre reclamavam de suas esposas e namoradas e encontrei outros que, como eu, gostavam de estar com elas. Começamos a nos relacionar de fato e a aproveitar um ao outro de uma forma que nunca fizéramos e que eu nunca havia pensado ser possível."

Evidentemente, você precisa falar sobre aspectos estressantes, e é muito melhor dedicar uma hora específica para fazê-lo, de forma que os assuntos não se espalhem para todas as outras partes do relacionamento como algumas feridas descuidadas. Imagine se tivesse uma hora para falar sobre os negócios, digamos todos os sábados ou domingos pela manhã e, em seguida, continuasse o dia e se concentrasse em outros assuntos? Isso não significaria não conversar sobre questões estressantes à medida que surgirem durante a semana, mas ajudará muito se conseguir parar com as conversas repletas de pressão indiscriminada que sugam a energia do relacionamento. É muito importante que o casamento não se transforme em gerenciamento de empresas, e é por isso que tudo que fizer para mostrar o caminho da gentileza e da estima a colocará em um casamento mais feliz e seguro, que trará momentos maravilhosos para você.

O papel da culpa

Outro aspecto importante da psicologia masculina é a culpa. Ele ao menos se sente um pouquinho culpado? A culpa aumenta, diminui ou não existe no coração do homem infiel?

"Acho que há um sentimento de culpa no começo, mas de certo modo você acaba dando uma desculpa para si mesmo", disse Craig, 41 anos, com dois filhos e ainda casado. "Era tão estranho dizer para mim mesmo que minha esposa no fundo não se importava porque dessa forma eu não a importunaria mais querendo tanto sexo ou atenção. Você se torna tão bom em racionalizar tudo que, quando minha mulher ficava zangada comigo, eu pensava 'Tudo bem, Suzy, [a outra] gosta de mim como sou' e usava isso como desculpa para ficar com ela."

A maioria dos homens infiéis sente-se culpada, mas isso não impede a traição. Dois terços deles declararam sentir alguma culpa durante o caso extraconjugal. No entanto, ela não os impediu de continuar. Dezessete por cento sentiram-se culpados no começo; 31 por cento, durante o caso, e 18 por cento disseram que a culpa aumentou com a continuação do ato. Os demais, 34 por cento, não sentiram qualquer culpa em momento algum. Difícil imaginar. Mesmo quando sentiam culpa, muitas vezes, os homens infiéis tinham uma forma de ver o caso extraconjugal como algum tipo de consequência de um casamento ruim. Vários homens disseram algo como "Ei, acontecerá se a situação não estiver boa em casa, o que não quer dizer que esteja certo, mas é o que acontece". A maioria deles sentia-se culpada, mas a ideia de que a traição era uma consequência permitida em um casamento "falido" ganhava. Evidentemente, se o marido sentia que a esposa também estava traindo, a culpa nem mesmo entrava em cena.

Fazê-lo se sentir culpado não ajudará a proteger o casamento. Lembrar o marido de vez em quando do quanto ficaria magoada se algum dia a traísse está muito longe de ser um método comprovado contra a traição. Não funcionará falar sobre o quanto a traição é ruim em uma conversa com amigos como uma forma de fazer o marido saber o quanto lamenta. Ele sabe que é ruim e é provável que se sinta culpado se escolher ter um caso. É mais importante lembrar que seu marido não é tão forte quanto você pensa. Ele não aceita a crítica bem e é possível que recue quando se sentir desaprovado. Coloque-o em uma situação na qual ele sinta que não consegue vencer e observe como recua e começa a ver o relacionamento com outra mulher como a consequência de uma situação sem chances de sucesso. Esteja atenta para tentar dar a ele a oportunidade de fazer o certo e mostre reconhecimento pelo esforço dele, mesmo que ele nem sempre acerte o alvo. Não dê desculpas que possam ser usadas para dissipar a culpa, como citar a falta de afeto e apreço.

Os que trairão de qualquer forma

Uma das partes mais preocupantes da minha pesquisa foi que 12 por cento dos homens infiéis relataram que a traição não tinha relação alguma com qualquer insatisfação no casamento. Por outro lado, é estimulante saber que 88 por cento achavam que se o casamento tivesse sido diferente de alguma forma (o que não significa dizer que não tenham nenhuma culpa nisso), eles não teriam traído. Para a maioria das esposas, esse resultado traz muita esperança de que terão um casamento maravilhoso se usarem as técnicas apresentadas aqui. Mas para as mulheres casadas com os outros 12 por cento, é provável que os esforços estejam sendo desperdiçados. No entanto, isso não é totalmente verdadeiro. Na ocasião da entrevista, esses homens não achavam que qualquer insatisfação no casamento serviria como um catalisador para a traição. Mas alguns foram claros ao mencionar que, se o casamento tivesse sido diferente de alguma forma, provavelmente teriam se mantido fiéis. Acreditavam de fato que (e para alguns isso foi confirmado pela fidelidade em casamentos posteriores) se houvessem se sentido mais ligados emocionalmente ao casamento, tudo teria sido diferente, mesmo que isso apenas significasse procurar ajuda profissional, caso as esposas o exigissem.

Para uma mulher casada com esse tipo de homem, descobrir o caso e separar-se o mais rápido possível pode ser a solução mais inteligente. Esses homens traem porque são infiéis desde o primeiro momento (independentemente das razões psicológicas e culturais mais profundas que possam ser responsáveis por esse comportamento). A não ser por um remorso extremo, pela dedicação à psicoterapia intensiva e pela disposição para permitir o monitoramento contínuo (testes regulares em detectores de mentira etc.), a dor de continuar com esse homem parece pesar mais do que a possibilidade de uma mudança total para a fidelidade.

PROGRAMA DE AÇÃO RÁPIDA

Passo quatro: pratique a entrega emocional

Aprendemos que a questão número um relacionada com o fator traição é a insatisfação emocional, especialmente a falta de reconhecimento. Este é o primeiro lugar em que você tem de agir.

Pense em admiração e estima:

1. Como você acha que atua nessa área? Avalie-se (numa escala de 1 a 10).

2. Como seu marido a avalia em uma escala de admiração? Avalie-se (numa escala de 1 a 10).

3. Liste exemplos de gestos nas duas últimas semanas que mostraram seu apreço: *gestos que seu marido reconheceria como tal* (por exemplo, ele não diria que o cuidado com as crianças é considerado um gesto de estima).

4. Crie uma lista de apreciação sobre seu marido (depois de ter reconhecido que ele deve ser valorizado mesmo pelo que é de responsabilidade dele). O que você admira nele?

5. Liste as cinco principais demonstrações de apreço das quais seu marido gostaria. Aja rapidamente, colocando-as em prática.

Agora que já refletiu sobre o assunto, avalie tomar as seguintes ações de entrega emocional.

Começando hoje, uma vez ao dia, verbalize um comentário de admiração:

1. Um simples "obrigada" por qualquer gesto de seu marido.
2. Uma expressão de agradecimento pelo trabalho árduo em geral.
3. Um "obrigada" por um objetivo profissional recentemente atingido.
4. Reconhecimento por atingir um objetivo pessoal por você ou pelos filhos (obrigada por mandar consertar o carro, ajudar o filho com o projeto, ligar para a companhia telefônica para consertar a linha de minha mãe, etc.).

Começando hoje, uma vez ao dia, tenha um gesto amoroso e afável para mostrar seu reconhecimento sem comentários verbais. Ele se sentirá apenas apreciado e amado com esses gestos sem que estejam associados a qualquer ação específica que ele tenha tomado. Exemplos:

1. Um beijo carinhoso.
2. Um abraço amoroso.
3. Um pequeno presente (revista, comida) de que ele goste em particular.

Começando agora, duas vezes na semana, tenha gestos mais envolventes. Para apenas um desses dois gestos, diga a ele que está fazendo isso para valorizá-lo por algo que tenha feito (pode ser uma atitude geral ou específica, contanto que seja falada imediatamente, antes ou depois do gesto). "Pensei que você gostaria disso porque tem trabalhado muito ultimamente/tem sido muito gentil comigo/ ajudou-me muito com a minha situação no trabalho ontem/

compensou minha ausência enquanto eu estava trabalhando até tarde recentemente/foi atencioso enquanto estive doente."

Exemplos dos dois gestos amáveis que começarei a ter esta semana e continuarei nas semanas seguintes:

1. Preparar uma refeição especial, algo que ele adore comer.
2. Tocá-lo mais amorosamente.
3. Planejar uma saída à noite com ele.
4. Planejar uma noite especial com ele (ingressos para um evento esportivo comigo ou com um amigo dele ou com as crianças).

E se ele não tiver sido tão gentil, amável ou trabalhador? Evite tentar dizer o que ele *não* fez (é provável que ele não seja receptivo de qualquer jeito) e concentre-se no que ele *fez*. Siga o Programa de Ação Rápida e aprecie de fato até os pequenos gestos positivos dele. Experimente por uma semana. Se você esteve doente e ele não se saiu muito bem, ainda assim o aprecie pelos pequenos gestos. É bem provável que em breve tenha um marido que deseja agradá-la mais do que nunca.

5

O poder do sexo

Como observado, o sexo não é o principal motivador dos homens infiéis. Com um minúsculo 8 por cento dos homens informando-nos que a insatisfação sexual fora o fator principal na traição, faz pouco sentido concentrar-se apenas no sexo incrível como um meio de proteger um casamento. Sem uma imensa pressão e concentração persistente no lado emocional do cônjuge, o sexo não será nem de longe o suficiente. É claro que faz sentido, uma vez que todos acreditam que o sexo somente por si só não é de fato tão bom como se diz. Sabemos que as habilidades sexuais podem fazer uma grande diferença, mas, no casamento, é a parte emocional que nos faz desejar agradar um ao outro, nos esforçar no sexo, mostrar nosso reconhecimento arriscando em áreas que de outra forma deixaríamos para trás. Sem o componente emocional, faltará a satisfação sexual mesmo que o casal seja "proficiente na cama".

Portanto, mudar o estilo de vida sexual em si não é a jogada certa. No entanto, não nos confundamos e pensemos que os homens infiéis disseram que o sexo tinha pouco a ver com a traição. Está totalmente claro que 48 por cento dos homens afirmaram ser a insatisfação emocional no casamento o fator principal motivador da traição. Outra forma de olhar para o fato poderia ser que 48 por cento dos homens disseram que se tivessem se sentido mais emocionalmente relacionados com as esposas, não teriam traído. É por isso que o primeiro foco deste livro e também seu esforço pessoal para construir um casamento sólido consistem em concentrar a energia para entender melhor a si mesma e encontrar novas e melhores formas de construir o lado emocional da relação.

Mas lembre-se de que 32 por cento dos homens na minha pesquisa responderam que *tanto* a insatisfação emocional *quanto* um relacionamento sexual insatisfatório tiveram quase o mesmo peso na decisão de trair. Esses homens nos dizem que nem tudo consiste em sexo, mas tampouco se pode deixar o sexo de lado. Se pegarmos esses 32 por cento e acrescentarmos os 8 por cento dos homens infiéis que de fato disseram tratar-se de insatisfação sexual, ficaremos com os 40 por cento que informaram que o sexo pesava muito na traição mesmo que não fosse o fator principal.

Mas a pergunta importante que ainda faltava responder era o que os homens achavam especialmente insatisfatório com relação ao sexo.

A história de James: ele queria mais sexo

James foi um dos poucos infiéis que citou a insatisfação sexual como a questão principal no casamento. "Todos os meus amigos e eu brincávamos sobre como o casamento matava a vida sexual e eu disse à minha esposa que desejava mais sexo. Mas também disse que não queria que ela apenas aceitasse e fizesse porque eu queria. Ela engordara um pouco depois de nosso terceiro filho e estava muito envergonhada, o que fazia com que quisesse sexo cada vez menos. Mas me pareceu que havia realmente me ouvido porque começou a exercitar-se e a fazer dieta com seriedade e, em aproximadamente seis meses, recuperou o corpo e parecia muito bem. Mas não adiantou.

"O sexo era muito bom quando fazíamos, mas entre as crianças e o trabalho, ela estava sempre exausta e simplesmente não estava a fim de sexo de forma alguma. Ainda discutimos sobre isso e ela disse que a culpa era minha, e talvez fosse.

"Quando descobriu meu caso extraconjugal, minha mulher se sentiu horrível. Imediatamente achou que era porque não era mais sensual o suficiente, e jurei que a outra mulher não era tão bonita. Na realidade, ela nem tinha um corpo tão bonito quanto o da minha esposa. Mas estava disponível. Não esperava que o sexo fosse tão incrível com minha mulher todas as vezes, mas eu precisava de sexo regularmente e tinha de ser um pouco excitante. Se isso tivesse acontecido, acho que não teria traído. Sei o quanto ela tentou, mas simplesmente não estava acontecendo. Não conseguia me ver passando o resto da vida fazendo sexo de vez em quando."

Imagine a esposa de James. Enquanto ela trabalhava muito para "mudar" a imagem sexual, o marido mesmo assim estava cada vez mais próximo de ter um caso. O foco dessa mulher poderia ter sido direcionado para uma área diferente da vida sexual, o que teria dado melhores chances de ela encontrar a felicidade com o marido na cama.

No meu questionário, quis saber o seguinte: "Estas são as questões sexuais específicas que contribuíram para a minha infidelidade." As respostas possíveis foram:

- A vida sexual com minha esposa era insatisfatória.
- Minha esposa descuidara por completo da aparência.
- O sexo com minha esposa era, em geral, muito raro.
- Outras.

Fico curioso para saber o que você respondeu para a pergunta na página 23, porque acho que essa é uma das áreas em que as mulheres podem ser enganadas. Nas revistas femininas, o foco está sempre no "sexo ardente" e no que seria bom para manter o homem feliz. As mensagens da mídia são claras: se não tem um corpo de modelo com o melhor que a cirurgia plástica tem a oferecer e um Ph.D. em prostituição, não é de surpreender que seu homem pule a cerca. É como se não pudesse culpar o pobre coitado por ter de suportar o papai e mamãe ou as estrias. A todo momento os homens são bombardeados por mensagens como "Por que sua esposa não tem essa aparência?" e "Por que sua mulher não telefona no meio do dia e sugere aventuras audaciosas?" Será que os homens morderam a isca e elevaram o nível do sexo para um patamar em que é melhor você passar duas horas exercitando-se, morrendo de fome e gastando outras duas ou três horas por dia apenas pensando em como agradá-lo sexualmente? Filhos? Deixe-os preparar as próprias refeições. Seu salário? Quem precisa dele? Pelo menos a despesa com o supermercado diminuirá, porque estará sobrevivendo com apenas dez amêndoas por dia.

Com um suspiro de alívio, orgulho-me de informar que os homens ainda não foram manipulados para lhe pedir aquilo em que a mídia gostaria que você acreditasse. Eis os resultados dessa parte do questionário.

"Outros" obteve 11 por cento, a menor percentagem. "Minha esposa descuidou por completo da aparência" teve apenas 15 por cento das respostas. "A vida sexual com a minha mulher era insatisfatória" foi escolhida por 26 por cento. A resposta número um foi: "O sexo com minha esposa era, em geral, muito raro", com 48 por cento.

Este é um número alto. Antes de ir à ginástica, fazer dieta ou ler o *Kama Sutra*, relaxe. "Frequência" é a vencedora, pelo menos quando se fala em manter um casamento forte.

Imagino que tenha colocado um número alto na opção mais escolhida pelos homens, mas é provável que tenha posto números ainda maiores nas outras duas opções. Que alívio saber que, mais uma vez, você não tem de acreditar nos anúncios que querem que você acredite em bobagens.

Não entendo o fator sexo

A história de Carol: ressentimento sexual

Carol foi uma das muitas mulheres que durante anos compartilharam comigo a perplexidade com o fator sexo. Ela sentia que tudo que precisava fazer era transar com o marido e ele seria gentil. Caso contrário, ele ficaria distante e difícil. Sentia-se desvalorizada e estava evidentemente furiosa quando falou comigo. Achava que oferecia pouco ao marido. Resumia-se em ser um recipiente, ou como ela colocava de forma clara, o "vaso sanitário de esperma". Achava que qualquer mulher poderia sê-lo. Tinha a impressão de que era só nisso que o marido pensava. Depois do sexo, ela podia contar com ele de muitas formas, mas até ceder, não conseguia pensar ou falar com ela sobre nada mais. Na realidade, ele a traíra quando estavam noivos. Ela se casou com um sentimento inquietante de que tinha de se entregar sexualmente ao marido para proteger o casamento e se ressentia a todo momento. Era como muitas mulheres que não entendem o fator sexo e ressentem-se de que o humor do cônjuge dependa da aceitação dela em ser uma parceira sexual.

Por mais de vinte anos, ouvi as esposas lamentarem sobre os mesmos problemas com o sexo. "Por que só quando fazemos sexo ele é gentil comigo? Se não faço, ele é detestável. Não está certo. Odeio isso."

Elas apresentam um bom argumento. Se um dos cônjuges não quer se envolver em uma atividade solicitada pelo outro não deveria criar um grande caso por causa disso. Mas devemos revisitar o fato de que todo relacionamento é uma via de mão dupla. Cada um tem de agradar o outro. Se ele não fez algo que você gostou, é possível que você também fique distante ou decepcionada.

As mulheres adoram ser amadas. Você gostaria que seu marido sorrisse bastante para você, olhasse nos seus olhos, a abraçasse e dissesse que você é o melhor que já lhe aconteceu. Se ele o fez, espero que seja mais gentil para ele, esteja mais disposta a agradá-lo e motivada a ser mais generosa com ele. É possível que o humor dele fique muito melhor. Portanto, quando o marido reclama que você chega em casa de mau humor, o que há de errado em dizer "Você sabe o dia infernal que tive? Talvez fosse diferente se você me recebesse com um beijo ou oferecesse ajuda". E se ele responder com "Então depende apenas de um beijo e de dar uma meia hora de ajuda? Se não dedico algum tempo ou pelo menos não o ofereço, você fica de mau humor e não é gentil comigo?", ele não é compreensivo ou devidamente atencioso? Isso ocorre porque você entende que ele seja responsável por ajudá-la a superar as carências da vida e por contribuir imensamente para os bons momentos também. É por isso que se casou com ele.

É isso que o marido quer dizer com relação ao sexo. Ele quer que compreenda que é a principal forma de se sentir amado e de ter prazer e, certamente, quando você oferece o sexo, provavelmente ficará mais bem-humorado e mais carinhoso. Da mesma forma, quando ele oferece um gesto atencioso, provavelmente você ficará mais bem-humorada e mais carinhosa.

Harold era um homem fiel que explicou o quanto o sexo significava no nível pessoal. "Provavelmente, tenho uma história muito diferente da maioria dos homens. Fui um adolescente cheio de espinhas, nerd, e até na faculdade era tão tímido que achava que nenhuma garota me queria. Na época em que conheci minha esposa, só tinha alguma autoestima porque havia me saído superbem nos negócios e tinha algum dinheiro. Mas ainda era dolorosamente tímido. Acho que o sexo foi o que realmente me ajudou a mudar. Quando minha esposa me desejou daquela forma, com aquela frequência, me senti realmente bem-sucedido de uma forma como nunca sentira. Era como se ela provasse que me amava de verdade e me achava atraente. Nos quatro primeiros anos juntos, provavelmente eu não falava muito, a menos que fosse durante o sexo. No momento em que sabia que ainda estava atraída por mim, me sentia à vontade o suficiente para falar sobre meu dia e sentir que me ouviria e não me julgaria. Era muito preocupado com qualquer crítica e, quando ela desejava fazer amor comigo, era como se me aprovasse. A partir daí, fui capaz de confiar nela."

Por que sexo?

"Espera aí", você diz. "O sexo é bem diferente do que peço a ele."

De fato, é possível ver uma diferença clara entre os gestos simples e amorosos que você deseja e o sexo que o marido quer. O sexo é um gesto extremamente íntimo — não é apenas algo que uma mulher incita — e é possível que você ache que o comentário amoroso e cuidadoso que deseja não é nem de perto tão íntimo. Na realidade, para muitos homens, estar emocionalmente presente e oferecer esses gestos amorosos é ser extraordinariamente íntimo e exige muita energia e foco, embora não se deva comparar ao seu esforço para fazer amor com ele.

Tal situação não significa que não deva esperar expressiva cordialidade de seu marido. Significa apenas que o esforço para oferecer a ele intimidade pode exigir bastante foco e energia. A excitação e o desejo sexual frequentes que ele sente por você não são ofensivos ou humilhantes. O fato de a intimidade sexual poder ajudá-lo a expressar mais amor ou gentileza não faz dele um porco chauvinista.

Na realidade, seu marido não é muito diferente de você. Embora você possa querer ações diferentes, ambos desejam o mesmo: gestos amorosos e agradáveis de quem se ama.

Há claramente uma diferença entre os homens e mulheres com relação à sexualidade. Acho que se trata de um mito pensar que os homens sejam mais interessados em sexo. Ao contrário, acredito que eles sejam mais interessados em sexo por si só do que as mulheres, que podem adorar sexo, mas precisam que o estímulo e o amor sejam intrínsecos à experiência. Os homens são estimulados sexualmente por meros pensamentos ou imagens sexuais físicas, enquanto é mais provável que as mulheres se excitem com alguma relação emocional. É por essa razão que é muito provável que um homem tenha uma ereção, se for fisicamente estimulado, mesmo sem relação emocional, enquanto uma mulher pode ser fisicamente tocada e ainda permanecer insensível se não houver uma ligação sentimental. Tal ocorrência não significa que o prazer e o desejo do homem não sejam aumentados de forma significativa se houver também uma relação emocional. Eles são.

Às vezes, as mulheres se sentem vulgares porque pensam que o desejo deles por sexo tem pouco ou nada a ver com elas. É apenas uma necessidade física, como comer. Muitas esposas acham que o sexo não está relacionado com elas, uma vez que se trata das necessidades primitivas dele, o que definitivamente acaba com a alegria do sexo para qualquer mulher.

Minha pesquisa mostrou claramente que os homens desejam um relacionamento emocional mais do que tudo. Portanto, aprendemos que as mulheres não têm um monopólio sobre o desejo por esse tipo de relação. É verdade que os homens pensam muito mais em sexo do que as mulheres e fariam sexo sem emoção com mais facilidade que elas. Porém, reconhecem que o sexo excelente com alguém que não está envolvido com eles emocionalmente, que não "os conquistem", é um relacionamento de curta duração. Podem falar de boca cheia sobre sexo, mas o que na realidade desejam é uma mulher que os ame e os deseje. É por isso que qualquer homem odiaria pensar que a esposa apenas faz sexo por ele e que não liga a mínima para isso. Se ela realmente não gosta ou não deseja fazê-lo, mas faz por obrigação, tal atitude não funciona para os homens. Eles querem fazer amor regularmente tanto quanto você. O fato de que possa começar com uma necessidade física primitiva não significa que ele queira se satisfazer com uma solução física, primitiva e emocionalmente distante.

Tal comportamento explica por que não é uma opção tão fácil para seu marido "se virar sozinho", como muitas mulheres expressaram para mim. É possível que ele se masturbe de vez em quando. E se consistisse apenas em alívio e nada mais, sem qualquer emoção, então ele seria feliz sozinho. Mas os homens que entrevistei desejavam muito mais do que apenas um alívio. Eles desejam se sentir desejados, atraentes, relacionados com alguém que esteja feliz em receber e dar prazer em um ato reservado somente para os dois.

Fazer o sexo dar certo para ambos

Por haver uma maior necessidade física primitiva, frequentemente o sexo para os homens torna-se mais a relação sexual em si que para a mulher. Normalmente, as mulheres relatam procurar mais abraços, carícias, beijos e preliminares do que os maridos. Eis o que pode fazer uma grande diferença na sua vida sexual. Em geral, as mulheres permitem que os maridos tomem a iniciativa na cama e ficam insatisfeitas. Em pouco tempo, o sexo dependerá em grande parte dele, e é possível que rapidamente se torne uma obrigação para qualquer esposa. Se isso acontecer, é possível que ele não a satisfaça, porque não é uma mulher, e não importa quantas parceiras sexuais você acha que ele teve ou quantas ele diz ter tido antes de você; nada disso o faz um especialista. Portanto, se você deixa a satisfação sexual nas mãos do marido e acha que poderia ser melhor, é hora de agir.

Eis o maior benefício da necessidade física primitiva de seu marido por sexo: ele fica muito feliz com o que você fizer. Ele gosta tanto de sexo que se quiser tomar a iniciativa, desacelerar e ajudá-lo a dar prazer, é provável que fique genuinamente excitado. Se desejar mais preliminares, mais abraços e beijos antes de prosseguir, a energia sexual dele durará o suficiente. Você pode criar um relacionamento que funcione para ambos, mas exigirá algum esforço de sua parte. Não quero dizer que tenha de se sentir no comando todas as vezes que estiver seduzindo. Certamente, você gosta de fazer amor sem ter de estar no controle durante todo o tempo. Mas os parceiros sexuais são responsáveis pelo treinamento um do outro, exatamente como em qualquer outra área do relacionamento e, de vez em quando, eles devem continuar a ajudar o parceiro a aperfeiçoar as habilidades.

Se estiver hesitante em assumir qualquer controle de sua vida sexual ou em se concentrar em seu prazer durante o sexo, pense sobre a razão por que se sente dessa forma. Pode ser que seja o resultado do pensamento social de que é tanto pouco feminino quanto constrangedor para uma mulher gostar e ter prazer de verdade no sexo. Essa pode ser a razão por que 43 por cento de todas as mulheres sofrem de alguma disfunção sexual.

Provavelmente, seu marido estará mais disposto e feliz em satisfazê-la. A maioria dos homens fica excitada com o pensamento de ser capaz de agradar a esposa e gostam de fazer o que for necessário para que isso aconteça.

Imagine se a experiência sexual fosse muito boa na maior parte das vezes. Agora que aprendeu que não se trata apenas de sexo, mas de relação emocional mesmo do ponto de vista do marido, você pode se ver aumentando a frequência de sexo com ele? Você pode ver o sexo agora como simples demonstração de felicidade e amor? É só isso que o sexo de fato representa. E, acredite, uma vez que aumente a frequência por meio dessa doação e pelo prazer pessoal, ele não reclamará e nunca terá uma atitude de "nunca é o suficiente". Certamente, há homens que se sentem satisfeitos sexualmente, embora possam ficar felizes se tiverem mais. Eles ficam contentes ao sentir que as esposas os ouvem com relação à essa questão e querem se doar por meio desse ato.

Fazendo o sexo dar certo para *você*

O prazer durante a intimidade do sexo é importante para o conforto e a disposição para aumentar a frequência sexual com seu marido. A esta altura, gostaria de ter a liberdade de falar um tanto graficamente. Pode até não ser novidade para você, mas, nos meus vinte anos de aconselhamento conjugal, esta informação simples e necessária foi a forma mais eficiente para ajudar a vida sexual dos casais.

A grande maioria (algo entre 50 e 75 por cento de acordo com WebMD.com e Dr.Phil.com) das mulheres não atingem o orgasmo pela estimulação vaginal, o que significa que há chances da relação sexual simples não levá-las a ter orgasmo. Não significa que não haja prazer no sexo, tanto de uma perspectiva biológica quanto emocional, mas é provável que tenha baixa pontuação na escala do prazer. Há uma parte do corpo, entretanto, que tem as terminações mais nervosas por área que qualquer outro lugar no corpo masculino ou feminino: o clitóris — a pequena saliência de pele que se localiza no topo da abertura vaginal. Fiquei surpreso de descobrir quantos homens e mulheres desconhecem o quanto essa parte do corpo é importante para o orgasmo feminino. Tive a oportunidade de compartilhar essa informação com os médicos homens que ainda não estavam familiarizados com esse território. O resultado é que a imensa maioria das mulheres necessita da estimulação do clitóris para chegar ao orgasmo.

O problema é que a relação sexual simples raramente estimulará o clitóris, deixando muitas mulheres sem o prazer intenso que criaria uma experiência amorosa mais satisfatória. Vários livros sugerirão tentar todos os tipos de posições diferentes para tentar fazer o pênis tocar essa parte do corpo feminino de alguma forma, mas sinceramente, não será fácil. A forma mais simples e inteligente de aumentar o prazer é você ou seu marido estimularem o clitóris antes e durante a relação sexual. Significa que terão de ficar em uma posição sexual que permita espaço para a mão dele ou a sua tocar o clitóris. Tal posição apresenta muitas vantagens, uma vez que intensifica o prazer e permite maior controle de ambos, podendo ir mais rápido ou mais devagar, dependendo da quantidade de estimulação que deseja.

Se você não ficar à vontade com tal posição, comece pensando por quê (abordaremos o assunto no próximo capítulo com a Fórmula de Identificação da Voz Interior). Algumas mulheres compartilharam comigo que ficavam constrangidas e desconfortáveis ao criar esse prazer para elas mesmas, como se fosse traição, e que elas deveriam ser capazes de simplesmente ter um orgasmo na relação sexual. É possível que queira usar a Fórmula de Identificação da Voz Interior para tentar localizar as questões emocionais envolvidas em qualquer resistência a essa ideia. Entretanto, essa é a única técnica física que descreverei, porque é nessa que deve se empenhar totalmente para melhorar a relação sexual.

Se de alguma forma não está familiarizada com o clitóris, seria sábio, normal e muito comum conhecê-lo sozinha para aprender a senti-lo e então ser capaz de ajudar-se a atingir o orgasmo durante o ato sexual. Oitenta e nove por cento das mulheres relataram que haviam se masturbado, portanto é absolutamente normal. Além disso, muitas mulheres acham que um vibrador ajuda muito na estimulação do clitóris. A boa notícia é que você não precisa mais enfrentar uma visita constrangedora a uma loja de produtos eróticos para comprar um vibrador. Houve um episódio no seriado *Sex and the City* em que as mulheres fizeram piadas sobre os massageadores em formato de canetas, à venda em lojas como Brookstone e Sharper Image, que podiam ser usados para a estimulação do clitóris. Se achar que é mais fácil e mais cômodo usar um vibrador, use-o durante a relação sexual também. É bem provável que seu marido fique contente.

Se gostar ou preferir que o marido estimule o clitóris durante o sexo, precisará direcioná-lo, uma vez que não há como esperar que ele saiba estimulá-la da melhor forma. É comum a mulher fazê-lo durante a relação sexual, porém sem gráficos e mapas, mas com tons de voz simples como "aqui", "mais suave", ou "um pouco mais forte" ou simplesmente movendo o dedo dele para o local que é melhor para você. E é possível que tenha de continuar a dar alguma orientação, porque, em momentos diferentes, você pode querer intensidades diferentes. Embora algumas mulheres não gostem da ideia de controlar o prazer durante o ato sexual, isso é até certo ponto necessário, se desejar que seu marido estimule o clitóris em vez de você fazê-lo. Ao ser estimulado, o clitóris provoca uma intensidade orgástica maior na relação sexual. Tenham sempre a certeza de que o ato sexual ainda é uma parte importante do orgasmo, uma vez que as paredes vaginais também registrarão o prazer e a ligação emocional do sexo o aumentará.

> **Faça sexo mais adequado a você**
>
> A maioria das mulheres não atinge o orgasmo pela estimulação vaginal.
>
> 1. Antes e durante a relação sexual, estimule o clitóris.
> 2. Faça seu marido satisfazer suas necessidades (toque carinhoso, verbalização amorosa, concentração em fazer você chegar ao ápice) antes que ele atinja o orgasmo.

Diminua as discrepâncias do gênero

Para fazer o ato sexual funcionar melhor para você e para seu marido, você precisará igualar o campo do jogo. Lembre-se, os homens costumam atingir o orgasmo mais rápido que as mulheres. Em geral, as mulheres levam algo em torno de 12 a 20 minutos para atingir o orgasmo, enquanto para os homens a média é de um minuto a pouco mais de sete minutos com estocadas vaginais constantes. A maioria dos homens levará mais tempo para atingir o orgasmo se fizer sexo com mais frequência, mas é improvável que acompanhem as esposas.

Essa discrepância tem causado estragos na vida sexual dos casais. É comum os homens avançarem para a parte da relação sexual, o que significa que o tempo está passando e se não estiver próxima de um orgasmo, há uma grande chance de que ele o atinja antes. Logo após o orgasmo dele, o pênis provavelmente ficará flácido e é possível que você fique insatisfeita. Um dos dois pode continuar a estimular o clitóris, mas depois que um já desfrutou o orgasmo, o nível de disposição para dar prazer ao outro rapidamente diminui.

No entanto, enquanto os homens estão sexualmente excitados, em geral, ficam dispostos a ser extremamente atenciosos com os desejos sexuais da esposa. Não perca essa oportunidade de fazer o sexo funcionar melhor para você. Sua aposta mais segura é certificar-se de aproveitar ao máximo as preliminares enquanto o marido está disposto. Não estou falando somente de ele satisfazê-la sexualmente, quero dizer, se deseja mais o lado emocional do sexo, como mais beijos, mais "eu amo você", mais abraços etc., o momento de consegui-lo é antes de ele ter ou estar próximo ao orgasmo. E mais, se você se mantiver firme e ele estiver concentrado em agradá-la com palavras e toques amorosos, logo ele aprenderá que isso é parte da técnica do ato sexual do casal, o que criará uma frequência sexual que será, em última instância, prazerosa para ambos — o que não significa que toda vez que fizerem amor haverá fogos de artifício. Significa apenas que, a maioria das vezes, ambos ficarão satisfeitos e terão o orgasmo. Lembre-se de que minha pesquisa descobriu que a frequência é muito mais importante que a qualidade do sexo em si.

Prepare-se enquanto ele faz uma pausa

Durante os anos de aconselhamento a casais, conheci outro obstáculo comum à relação sexual satisfatória para as mulheres. A esposa estimulará o marido manual ou oralmente e então, imediatamente depois, eles terão relações sexuais. Por o homem já estar sexualmente estimulado, a probabilidade de ele ter um orgasmo muito rapidamente durante o ato sexual aumenta. É comum, mesmo com a estimulação clitoriana, que a mulher não consiga acompanhar o marido e ficará frustrada quando ele atingir o clímax e ela nem estiver tão próxima do orgasmo quanto gostaria.

Uma solução simples é concentrar-se nas preliminares sexuais do marido. Em seguida, fazer uma pausa e fazê-lo se concentrar em você sexualmente por um tempo antes do ato em si. Dessa forma, a relação começará com você já próxima ao orgasmo e ele começará após uma pausa, dando a ele mais tempo antes de chegar ao ápice. Novamente, é necessário estimular o clitóris durante a relação sexual para que você chegue ao clímax. Da mesma forma, é sua a tarefa de informá-lo que precisa de um pouco mais de tempo. Peça que vá mais devagar, dependendo de quanto tempo você precisar e, quando necessário, diga para ir mais rápido ou de uma forma que a ajude a atingir o orgasmo. Assim, ele conseguirá de alguma maneira aumentar o tempo antes de ele desfrutar o orgasmo.

Ele não adivinha pensamentos como você gostaria, e contanto que no final ele sinta que a satisfez, ele ficará mais feliz ao ouvir uma palavra de direção e estímulo durante o ato.

Tranque a porta do quarto

Há uma possibilidade maior de fazer sexo com mais frequência se vocês se tocarem mais. Faz sentido. Quanto mais se tocarem, mais à vontade ficarão com a intimidade física. No entanto, a sociedade inculca a ideia de que todo o amor e atenção dada aos filhos, na realidade, nunca será suficiente. Logo, você (como todo mundo) tem um profundo sentimento de culpa quando participa de alguma atividade que exclui as crianças. Consequentemente, há bastante tempo que poderia ser aproveitado para relacionarem-se fisicamente e que fica perdido por conta dessa identidade culposa.

Não estou sugerindo que qualquer um de nós deveria procurar divertimento alimentando nossas buscas egoístas enquanto nossos filhos ficam com fome de atenção. Tenho amizade sólida e íntima com cada um dos meus cinco filhos. No entanto, luto contra o sentimento de culpa a que todos estamos sujeitos quando eu e minha esposa desejamos excluí-los de determinadas partes do casamento. Claro, concordamos com o princípio de que os excluiremos e sairemos de férias sozinhos de vez em quando. Mas quando se refere a passar um tempo sozinhos, sem interrupções como pais, temos de pensar se estamos de alguma forma descuidando dos filhos.

Nos últimos vinte anos, insisti cada vez mais em criar uma atmosfera conjugal isolada de todo o resto: filhos e negócios. Passamos aproximadamente sete horas e meia dormindo. Multiplique por 365 dias e terá cerca de 2.737 horas por ano. Some as horas antes de dormir quando é possível que, muitas vezes, você precise terminar algumas tarefas, relaxar ou se aprontar para dormir e facilmente chegará a mais de 3 mil horas por ano. Sei que muitos não têm um minuto livre, mas, na verdade, há épocas em que temos, sim, algum tempo ocioso se nos permitimos, e não se esqueça do velho preceito de que se necessitasse encontrar tempo para um momento crucial na vida do filho, esse tempo apareceria como mágica.

Seu marido sabe que você está muito ocupada. Porém, também sabe que se tivesse de encontrar tempo além do trabalho ou dos cuidados da casa para afagar mais o filho, ler com ele e trabalhar suas habilidades sociais por meio de atividades orientadas, você o encontraria. Por essa razão, seu marido não consegue deixar de entender isso como um "Você não é importante, não o estimo tanto assim", quando não encontra tempo para ser íntima com ele. É possível que ele não entenda quando você está extremamente cansada por causa da gravidez, da TPM, das noites exaustivas com um filho doente e de uma interminável lista de estresses da vida. Mas ele sabe que todos devem separar tempo para o que é importante para cada um. Se não conseguimos, temos de pedir apoio, e o primeiro passo seria dizer a ele que deseja ser mais íntima, mas precisa de ajuda para encontrar as respostas para criar esse momento relaxante. Essa atitude mostra o desejo de estar e divertir-se com ele, assim como o compromisso para encontrar soluções para realizá-lo.

Como arrumar tempo para relacionar-se com o marido, para se divertirem e criarem mais oportunidades para uma maior frequência sexual? Avalie quanto tempo você gasta dando atenção aos filhos. Em seguida, avalie o que significa para eles terem os pais apaixonados e juntos. Essas são duas formas importantes de reagir à culpa que começará a sentir se excluir os filhos regularmente. Leve em consideração a mensagem que enviará a eles quando excluí-los de seu quarto à noite, mesmo que seja só para vocês conversarem sem interrupções. O casal que precisa de um tempo a sós para interagir. Esse modelo seria maravilhoso para eles quando crescerem e desejarem ter sucesso nos próprios casamentos. Tudo isso leva à ideia de encontrar um tempo todas as noites para se relacionarem emocional e fisicamente.

"Brinco que nosso quarto deveria ter uma porta giratória", Mitch me disse, quando lamentou a vida sexual esporádica. Ele tentou dizer à esposa que precisava de algum espaço em que pudesse ficar com ela, mas "ela explicava que tínhamos de fazer os filhos se sentirem seguros e concordei. Amo meus filhos loucamente e quero que se sintam muito à vontade ao nosso lado. Eu não era muito íntimo dos meus pais e certamente não me importo de ser diferente".

Mas Mitch e a esposa não estavam felizes com aquela situação. Exceto por um cruzeiro de três dias fora do comum que foram sozinhos, nunca sentiam que tinham qualquer espaço apenas para os dois. Quem poderia estar apaixonado e ter um casamento amoroso e significativo sem qualquer espaço para torná-lo real?

O que aconteceria com as crianças se trancasse a porta do quarto à noite? Quando forem adolescentes e ficarem sozinhos no quarto, eles não terão o direito de trancar a porta do quarto deles? Eles teriam esse direito se os pais confiassem que não estariam fazendo algo conflitante com as regras da casa. Com tal atitude, os filhos não estão afastando você, mas sim buscando de forma apropriada a privacidade para determinadas áreas da vida deles. Eles só se sentirão afastados da vida dos pais se estes não estiverem presentes emocionalmente. Fechar a porta ou deixá-la aberta não é o que os afastará.

Você pode tirar a porta e ainda assim ter um relacionamento extremamente distante com os filhos.

Fechar a porta à noite com uma regra simples de que os filhos podem bater no meio da noite, se houver um problema (medo, doença), ensina-os a respeitar a privacidade e o sono dos pais. Tal atitude também os ensina a serem capazes de resolver os pequenos problemas na noite. Ao baterem à porta, pode escolher deixá-los entrar para dormir com vocês ou mandá-los de volta para a cama.

Durante meus anos de ajuda a casais, soube que muitos não trancavam a porta do quarto quando faziam amor. Há alguns que até mesmo fazem sexo com as portas abertas. Já ouvi todos os tipos de razões. "Só fazemos depois que as crianças estão dormindo." "Podemos ouvi-los subindo as escadas, pelo corredor." Mas, sem saber, esses casais estão fazendo sexo com a preocupação consciente de que os filhos podem entrar ou estar a caminho a qualquer momento. Isso significa que um dos dois está ouvindo, servindo como um vigia, esteja ou não ativamente concentrado nisso. Tal atitude distrai o foco da relação sexual, quer perceba ou não. O sexo se reduz a algo muito inibido, reprimido e silencioso.

Se fechar a porta do quarto à noite, vocês podem dormir de uma forma muito mais relaxada (como por exemplo, nus) e criar um espaço para a intimidade por 2.737 horas por ano mais o tempo antes de dormir e acordar. Não significa que você faria sexo no meio da noite, algo raro para a maioria dos casais, mas prepara o terreno para uma determinada área de privacidade, o que fará lembrar a ambos que pertencem um ao outro e que compartilham uma intimidade particular aos dois. Significa que podem se aconchegar a qualquer hora durante a noite e sentir a pele um do outro, um sentimento de contato amoroso em vez de tocar um filho ou o algodão macio do pijama do seu marido. Não deve haver a preocupação de serem pegos pelas crianças em posições comprometedoras ou nus. Adquire-se uma vida inteira de intimidade que não precisa levar a lugar algum hoje à noite ou amanhã, mas que proporciona aquele sentimento de serem amantes que tão facilmente desaparece em nosso mundo atribulado. E mais, permite que façam sexo de manhã se acordarem cedo, sem a preocupação de que as crianças os surpreenderão.

Se os filhos mais novos normalmente dormem no quarto com vocês, entre em acordo com eles dando recompensas por ficarem na cama deles ou oferecendo uma noite de um fim de semana na qual possam dormir e "acampar" no quarto de vocês (regularmente, no começo), ocasião em que todos poderão se aconchegar uns aos outros. Sou totalmente a favor do aconchego familiar na cama, mas isso pode ser realizado enquanto leem ou assistem à televisão juntos em determinadas noites. Não deve ser entendido como compartilhar a cama do casal.

Sinta-se confortável em seu quarto

Se fizer amor quando as crianças estão em casa, mesmo que elas estejam dormindo, coloque uma música ou ligue a televisão para que possa se sentir mais à vontade com o barulho e se preocupar menos se as crianças ouvirão. Esse ambiente pode criar uma experiência sexual muito mais prazerosa, a qual, por sua vez, a motivará a fazer mais sexo com seu marido. Encontre tempo para iniciar o sexo quando as crianças não estiverem em casa, talvez depois de eles saírem para a escola.

Conclusão: tudo que puder fazer para assegurar que a relação sexual seja melhor para você, faça, e é possível que seu marido fique entusiasmado em ajudar. Crie uma atmosfera no quarto que seja acolhedora e bonita. Compre lindos lençóis, um excelente colchão, roupas de cama agradáveis e objetos decorativos para fazer desse espaço em sua vida um lugar agradável que você e seu marido compartilhem, na maioria das vezes a sós.

> **Dedique tempo para o amor**
>
> Crie privacidade:
>
> 1. trancando a porta do quarto à noite.
> 2. colocando uma música durante a relação sexual.
> 3. concentrando-se na intimidade fora do quarto, dando ao marido mais abraços e beijos apaixonados, coçando as costas dele, massageando os pés dele etc. Ele responderá sendo mais amoroso com você durante o dia.

Mantenha a privacidade no banheiro

Eis outro assunto digno de consideração enquanto se pergunta como fazer sexo com mais frequência: muitos casais vivem um estilo de vida que permite ver o cônjuge usando o banheiro. Não faça isso! Compreendemos a realidade da vida e o gerenciamento do tempo de duas pessoas compartilhando o banheiro, apressados e ligeiros. Mas não significa que a longo prazo observar o cônjuge em situações não tão atraentes não terá seu preço. Lembre-se de que a realidade certamente nos obrigará a ver nosso cônjuge em posições comprometedoras. Haverá doenças, procedimentos e indisposições físicas suficientes no mundo real. Mas esses acontecimentos costumam ser inconstantes e enfrentados. Ver constantemente o marido usando o vaso sanitário pode trazer à mente imagens que direta ou indiretamente diminuem a atração sexual. Sou totalmente a favor da autenticidade entre os casais e não estou sugerindo que as pessoas devam esconder indisposições ou fraquezas. Mas você tem o direito de melhorar o comportamento dele e exigir que haja momentos de privacidade no banheiro com uma pequena cooperação respeitosa de administração de tempo. Que ele esteja preparado para o sexo com um mínimo de limpeza e que evite qualquer humor de adolescente que seja desestimulante. Muitas mulheres justificam isso adotando a postura de que "homens sempre serão homens", mas aprendemos que estatisticamente o marido procura muito mais valorização e sexo e ficaria entusiasmado em abdicar de qualquer comportamento infantil se sentisse um esforço genuíno da parte da esposa para relacionar-se mais com ele. É aqui que você pode ter mais controle do destino conjugal sem ser castradora. Assuma a responsabilidade por tomar as medidas que a ajudarão a mudar as áreas que desviam o foco de relações sexuais prazerosas.

O papel do abuso na infância

É triste que haja tanto assédio sexual no mundo. As estatísticas revelam que uma em cada três crianças é tocada de forma imprópria. Acreditamos que protegemos as crianças, mas estamos anos-luz distantes de onde precisávamos estar. Muitas situações são encobertas e permitem que os jovens sofram uma dor que durará a vida toda. Não nos esqueçamos de que molestar uma criança vai muito além dos horríveis e depravados atos inapropriados. Expandem-se para assédios menos odiosos como toque impróprio por cima da roupa e outros tipos que costumam ser ignorados por pais que convencem os filhos de que "estão enganados, apenas esbarraram acidentalmente". O mundo continua a negligenciar a inimaginável tristeza e dor dos jovens que têm de crescer carregando sentimentos complexos de perversidade sexual e culpa insuportável.

O assédio sexual causa no mínimo consequências sexuais, sejam elas promiscuidade ou aversão ao sexo. Em qualquer um dos casos, há um desconforto grave com a sexualidade. Às vezes, há a lembrança do que aconteceu e, outras, o bloqueio das memórias dolorosas sem compreensão do motivo da aversão ao sexo. É possível encontrar outras razões racionais para evitar o prazer sexual, como "não há tempo", "ele não faz o que eu quero", "sou muito tímida para deixá-lo fazer sexo oral", "é tudo muito sujo, sabe?". Mas é possível que esteja evitando algo doloroso que ninguém nem você, por enquanto, conseguem entender. Se refletir e se debater com essa possibilidade, faça um favor para si mesma e fale com um especialista sobre esse assunto. Não permita que as pessoas más do passado continuem a assediá-la e a roubá-la dos bons momentos da vida, os quais você merece e precisa reaver para si. Seja amável consigo.

Muitas vezes, as vítimas de assédio têm de sentir como se estivessem no controle ao retornarem à sexualidade adulta saudável. Para se desligar da sordidez do passado, terão de explicar para o cônjuge que por um tempo precisarão assumir o controle, determinar posições, dizer quando e onde transar, e, principalmente, obter o consentimento dele para parar a qualquer momento, caso você sinta desconforto emocional. Ele certamente precisará entender o motivo e, provavelmente, ficará à vontade para permitir o controle, enquanto o processo de se permitir ser completa novamente não terminar.

Use métodos anticoncepcionais que a façam se sentir relaxada

Muitas mulheres compartilharam comigo a preocupação de engravidar. Se não deseja engravidar agora, é importante pensar sobre a prevenção quando for fazer sexo. É possível que não pense no assunto, mas a menos que esteja confiante no método anticoncepcional, a mente sutilmente a direcionará para longe do sexo frequente e bom. Tenha a certeza de que, se estiver insegura com o método anticoncepcional, o sexo é um inimigo latente. Planeje uma conversa com seu médico para se informar ou um diálogo franco com o marido sobre o que ele deve fazer, se ele for o responsável pelo método usado. Explique que não quer cometer qualquer erro e, novamente, ajude-o a compreender que, se ele levar o assunto tão a sério quanto você, vocês ficarão mais relaxados, o que se traduzirá em mais relações sexuais e diversão para ambos.

Leve a sexualidade a sério

Ao levar a sexualidade a sério e compreender que ela está relacionada a uma intimidade que é crucial e também a um sentimento de admiração por seu marido, você começará a priorizá-la. Novamente, não estou pedindo que faça muito. Desenvolver uma vida sexual mais frequente é um ingrediente necessário para casamentos felizes. Infelizmente, se esperarmos que o sexo nos encontre espontaneamente, ficaremos esperando por muito tempo. Por mais que gostemos de ter esse estilo de vida apaixonante naturalmente, precisaremos renunciar àquelas visões pouco realistas e cinematográficas e aprender a extrair esses momentos do mundo real. Planeje uma noite em que possa ficar sozinha em seu quarto. Diga a seu marido que gostaria que ele a ajudasse a colocar as crianças na cama em um horário razoável para que vocês possam passar algum tempo sozinhos. Nem sempre precisa haver sexo, mas se funcionar bem para ambos, é provável que cheguem lá e desejem se esforçar para repetir tais momentos cada vez mais.

PARTE DOIS

Como melhorar seu casamento

6

Mudança reveladora: A Fórmula de Identificação da Voz Interior

Acabamos de relatar o que contribui para a traição masculina. Agora você obterá respostas claras sobre o que fazer. Porém, saber como resolver um problema não significa que o resolverá. Embora a pesquisa sugira que você deve valorizar e cuidar do marido, tal sugestão não significa que, quando ele chegar em casa hoje à noite, o abraçará, irá para o motel com ele ou fará a comida favorita dele.

As muitas vozes interiores

Nossas vozes mudam e, normalmente, nem percebemos. Um amigo nos dá a dica com a frase: "O que há de errado com você? Parece doente." Estar feliz ou triste, ativo ou cansado afeta diretamente nosso padrão de comunicação sem que percebamos. Se não conseguimos perceber as alterações externas, imagine as internas. De fato, há muitas vozes interiores e, dependendo de uma série de questões, uma específica terá precedência e a guiará. O problema é que consideramos essa reação imutável e com relação à qual nada podemos fazer. É aí que estamos errados. *Podemos* aprender quais vozes ouvir diante de situações diferentes.

Há anos ajudo pessoas a entender a raiz dos conflitos, o *porquê* das ações muitas vezes ilógicas, para ajudá-las a realizar uma mudança verdadeira e qualitativa. Quase sempre se é levado a acreditar que ninguém consegue mudar. Trata-se de um pensamento admiravelmente racional que parece perdoar a falta de vontade de desafiar a si mesmo. Você *pode* mudar. Você tem o poder de mudar qualquer área de que não goste na sua vida ou que não esteja funcionando. Pensar de outra forma é questionar a verdadeira essência do ser humano. Somos diferentes do restante do mundo animal por causa da capacidade de pensar e sentir, a qual nos permite mudar e adaptar.

O processo de fazer de fato mudanças significativas demanda um longo tempo e insights. Há anos trabalho ajudando casais a se compreenderem e a melhorarem o casamento. Entretanto, muitas vezes é um desafio fazê-los manter a habilidade de enxergar os problemas pessoais e sustentar as mudanças fora do consultório, quando não estou mais presente para esclarecer as questões singulares. E como escolhi não morar com ninguém que ajudei, nem me tornar um terapeuta disponível 24 horas por dia, procurei um meio de ajudá-los a levar a terapia com eles para seus próprios mundos.

A terapia de casais é diferente das demais, porque a rapidez é essencial. Não há muito tempo para realizar as mudanças quando o casamento está instável. Quero evitar o discurso de psicólogo e ajudar as pessoas a irem direto ao âmago de cada problema conjugal, a serem capazes de lidar com ele e a fazer mudanças rápidas e positivas. Até que consiga entender por que se sente de uma determinada forma e reage a ela, há pouca chance de seguir adiante com qualquer mudança comportamental. Não basta assumir que seguirá uma direção apenas porque é lógica ou porque está escrito em um livro.

Consegui reduzir esse processo em uma fórmula relativamente simples que permite entender o conflito interior e fazer mudanças com mais rapidez do que se possa imaginar. Não estou afirmando que essa fórmula é totalmente minha. A partir da minha compreensão, consegui expressar uma série de verdades complicadas, as quais podem ser agrupadas em um pacote agradável, permitindo assim separar os insights e realizar as mudanças imediatamente.

O cérebro pode atrapalhar

O cérebro é espantoso. Temos aproximadamente uns setenta mil pensamentos por dia. Entretanto, o sistema nervoso central joga fora 99 por cento do que os sentidos registram para não importunar o cérebro com assuntos sem importância. Não se espera que haja o entendimento de mais de 70 por cento do que é ouvido. O cérebro automaticamente preenche as lacunas. Essas são justamente as lacunas com as quais você deve ter melhor familiaridade, porque elas baseiam-se em muitos eventos da vida, e o cérebro não auxilia na compreensão dos mesmos.

A leitura é um excelente exemplo de como o cérebro funciona. Não se lê a letra de cada palavra. Lê-se a primeira ou até a segunda letra e, baseado no contexto e no conteúdo, o cérebro dá um grande salto e adivinha a palavra. Ele realiza um trabalho muito bom na maioria das vezes.

É o que a mente faz quando *lê emocionalmente* uma situação. Reconhece o contexto da situação baseada na história pessoal e no ambiente atual e, em seguida, dá saltos e adivinha. Por parecer uma reação tão natural como a da leitura de palavras, raras vezes considera-se seriamente se o contexto e o conteúdo estão corretos.

No entanto, é justamente o que pedirei que faça. Para melhorar o casamento, é necessário reconhecer que há uma leitura emocional das situações, dos saltos e das adivinhações, sem o entendimento correto e completo do contexto e do conteúdo. O cérebro está no piloto automático, ajudando o processo enquanto descarta o máximo que pode. Ao assumir o controle, vá mais devagar e comece a reconhecer, cada vez mais, o que causa as reações. É essa a hora de fazer as melhores mudanças e melhorar de forma significativa a leitura emocional. Você não terá mais que adivinhar.

Que voz está ativando?

Imagine por um instante que há três vozes na sua cabeça sempre que enfrenta uma crise conjugal. Embora alguns não estejam satisfeitos com essa ideia, a realidade é que se vive o casamento em grande parte mantendo dentro de si mensagens sutis e claras aprendidas por meio das vozes de outros. Elas transformaram-se de modo criativo para representarem a voz da razão. Eis as que tagarelam dentro da cabeça, as quais peço que considere:

Voz da infância: que mensagens meus pais me incutiram e como afetam a minha reação? O que essas vozes me diriam para fazer se a lembrança de como eles agiam quando era criança estivesse estampada na minha mente?
    Pode ser difícil imaginar, mas aprende-se muito na infância. Muitas partes de nós foram afetadas todas as vezes que nossos pais se tocaram, se beijaram ou brigaram. Há dois fatores da voz dos pais nos quais gostaria que se concentrasse: (1) a mensagem transmitida sobre o casamento por meio do próprio comportamento conjugal (esta pode ser assustadora para alguns) e (2) a mensagem paterna transmitida no relacionamento com você (a mensagem foi a de que os homens são amorosos e gentis, fortes e protetores?). A identificação dessas áreas trará imediatamente um grande conhecimento sobre as expectativas no casamento. Quem de fato deve iniciar o contato sexual, quem tem de ser o carinhoso? O que um verdadeiro

homem deseja da esposa? O homem gentil é excitante ou não? A criança dentro de você tem muito a dizer sobre tudo isso.

Voz da sociedade: os amigos, os irmãos e a mídia, todos dizem o que acreditam ser o certo ou o errado no casamento. Há um bombardeio de mensagens sutis e flagrantes de como deve se comportar. Esses outros estão, em parte, decidindo que papel deve desempenhar na relação e que tipo de casamento "deveria" ter.

Fórmula de Identificação da Voz Interior

Reconheça as três vozes que afetam o relacionamento com seu marido.

Voz da infância:
   O que minha infância (as mensagens dos meus pais e do casamento deles) sugere que eu faça?

Voz da sociedade:
   O que os amigos, irmãos ou a mídia sugerem que eu faça?

Voz do lar:
   O que os filhos ou as pressões do lar sugerem que eu faça?

Mudança de insight: que voz deseja ouvir neste instante específico?

Voz do lar: o lar envia mensagens diariamente sobre o casamento. Os filhos dizem para você sair e se divertir com o papai? "Ei, vá em frente e faça amor no quarto. Ficaremos quietos e ocupados." É possível que façam alguns comentários positivos sobre o casamento ("Adoramos quando mamãe e papai se beijam e são gentis um com o outro"). As contas dizem: trabalhe, trabalhe, trabalhe, sem tempo para passar uma noite agradável com o marido ou tirar umas férias, mas o coração diz algo diferente. O marido também fala muito sobre o casamento. Aprenda a se concentrar em quais são essas mensagens.

Ao considerar nitidamente essas vozes, você tomará as decisões baseada na voz de outros ou na própria. É a isso que chamo mudança de insight.

Você identificará de imediato que há algumas vozes descartáveis, embora tenha adotado as opiniões delas por um tempo. Por outro lado, há muitas que funcionam muito bem, e certamente continuará a incentivá-las. Entretanto, você agora será capaz de ver o que realmente a motiva e de escolher como deseja sentir e agir em uma determinada situação.

Enfim, após analisar as outras opiniões, você terá de criar a própria voz, pela qual será totalmente responsável: a voz necessária para fazer as mudanças indispensáveis e positivas no casamento. É seu casamento! Seus pais, amigos e até os filhos (pelo menos a longo prazo) não o vivenciarão. Ao identificar por que resiste ou está desconfortável com as mudanças exigidas, poderá desenvolver a própria voz, a qual permitirá construir o tipo de casamento que desejar.

Agora você está preparada para as mudanças comportamentais específicas oferecidas neste livro, desde quantas vezes por dia deve elogiar o cônjuge até como fazer sexo divertido e prazeroso, assim que assumir o controle e aumentar a frequência. Estará concentrada na criação de metas concretas, realistas e atingíveis. A Fórmula de Identificação da Voz Interior atuará muitas vezes assim que se habituar a usá-la.

Quando valorizar o marido é um desestímulo: a história de Cindy

Cindy é uma das mulheres que entrevistei informalmente para este livro. Acreditava que o marido poderia estar traindo, embora nunca o tivesse pego e ele nunca tivesse admitido. Ficou abismada quando mostrei os resultados de minha pesquisa "Eu deveria valorizá-lo mais?" Em seguida, sem analisar o que a valorização significava, continuou: "Para as mulheres, e acho que falo pela maioria, é um pouco desestimulante saber que o homem precisa de tanto aconchego e meiguice."

E foi com esse pensamento que Cindy ficou. Ela teve uma reação negativa imediata à ideia de valorização. O assunto era realmente complicado. Não que ela não quisesse apreciá-lo porque ele não era gentil nem compreensivo. Ela afirmava que se tivesse de fazê-lo, haveria um impacto extremamente negativo na capacidade de achar o marido atraente. Parece ser mais um daqueles sentimentos misteriosos que simplesmente acontecem, e é assim mesmo.

Usando a Fórmula de Identificação da Voz Interior, ela refletiu muito sobre o assunto:

Voz da infância: a mãe de Cindy criticava o pai constantemente por estar sempre desempregado e por ela ter de trabalhar para manter a família. Cindy e os dois irmãos sentiam pena da mãe e raiva do pai por colocá-la em uma posição desconfortável. Cindy não devia julgar os pais. Não tinha de dizer que a mãe estava errada por criticar o pai, ou que o pai não era realmente tão mau caráter quanto a família o retratava. Devia compreender que a mãe não era apreciativa e, por essa razão, constantemente transmitia a mensagem de que Cindy deveria achar um homem melhor, que colocasse comida na mesa e permitisse a ela cuidar dos filhos, algo que o pai não fazia, na opinião da mãe de Cindy. A menina foi criada para ter uma visão condescendente do pai desorganizado e fracassado e formou a imagem de um marido assalariado que saberia sobreviver no mundo financeiro. Essa imagem consistia em fazer o "certo" e prover à família, uma frase que Cindy ouvia a mãe gritar para o pai inúmeras vezes.

Ao ouvir a palavra valorização, Cindy se lembrava dos pais, em especial da mãe dizendo ao pai como ele deixava a desejar e não era um verdadeiro homem. Cindy entendia claramente que estimar era ser condescendente para com um verdadeiro homem, o qual nunca deveria querer ou precisar da ajuda de ninguém, mas ser autossuficiente.

Voz da sociedade: as amigas de Cindy normalmente reclamavam dos maridos. As reclamações tinham começado havia alguns anos com histórias peculiares e engraçadas sobre eles, mas após algum tempo, para duas das três melhores amigas divorciadas, o amor verdadeiro tornou-se uma fantasia dos contos de fada. Após uma profunda análise, Cindy chegou à conclusão de que o círculo social não apoiava a ideia de valorização e, na mídia, os anúncios que a atraíam mostravam homens que não procuravam elogios. Ela via nesses homens a incorporação do macho confiante e poderoso, sem qualquer necessidade de que o ego fosse inflado por uma mulher.

Voz do lar: Cindy percebeu que os filhos adorariam vê-la sendo mais apreciativa com o marido. Sabia o quanto gostavam de ver o papai agradá-la, fosse com um abraço, um beijo ou qualquer outro gesto carinhoso. Estava confiante de que a voz do lar apoiaria com fervor a admiração pelo marido. Não achava que as pressões do lar a impediam de ser mais atenciosa com ele. Não tinha certeza do que ele diria. Havia se convencido de que a acharia condescendente se o valorizasse abertamente.

Mudança de insight: o momento da verdade. Por que Cindy resistia tanto à ideia de valorizar? Cindy começou a ver que o comportamento dela refletia o ambiente familiar na infância. Naqueles momentos, lembrava-se de algumas mulheres que conhecera na escola dos filhos e com as quais não se sentia à vontade. Recordava-se de que elas eram bastante otimistas com relação aos maridos.

Embora, na ocasião, não encontrasse razão alguma para ter amizade duradoura com elas (não tinham a ver com Cindy, que também não tinha tempo para elas), começava a imaginar se havia se afastado porque em parte falavam dos maridos de uma forma que não apoiava a voz dos pais dela. Portanto, cercava-se de amigas cuja opinião sobre o assunto era muito semelhante à dela.

Fórmula de Identificação da Voz Interior: Cindy

Cindy sentia pouco apreço pelo marido.

Voz da infância:
A mãe desvalorizava o pai por estar sempre aquém das metas dela. O pai tinha que trabalhar mais.
Resultado: Não valorize o marido. Continue a pressioná-lo a trabalhar muito e a ser um sucesso.

Voz da sociedade:
As amigas reclamam dos maridos. A mídia mostra homens fortes e sem necessidade de reconhecimento.
Resultado: Enfatize os pontos negativos do marido; ele deve ser forte o suficiente para não precisar de valorização.

Voz do lar:
As crianças adorariam ver Cindy valorizar o marido e não gostavam quando ela criticava o pai de alguma forma. As pressões do lar não atrapalhavam o reconhecimento.
Resultado: Dê muitos abraços e beijos no marido e tenha gestos carinhosos para mostrar apreço.

Mudança de insight: a Fórmula de Identificação da Voz Interior dela ativava as vozes da infância e da sociedade. Cindy teve de criar uma nova voz interior própria, que se concentrasse completamente na voz do lar.

As vozes que você pode alterar agora mesmo

Há muitas diferenças entre as vozes da infância, da sociedade e do lar. Mais particularmente, a voz da infância existe há mais tempo e começou quando você era uma jovem facilmente influenciável, pronta para absorver as vozes dos que eram mais especiais para você. Muitas vezes, como vimos no caso de Cindy, acabamos usando a voz da infância para indicar nosso caminho e para achar outras vozes e situações que alimentem a voz original. É um conforto descobrir que os sentimentos e as reações instintivas são compartilhados por outros. Portanto, somos muito eficientes em encontrar essas pessoas.

Assim que levar em conta a voz da sociedade e a do lar, pense bem se não as desenvolveu com base na voz da infância original. Cindy o fez com as amigas, o que pode até explicar o relacionamento pessoal que se tem com a mídia. Você gosta de programas de TV, filmes e artigos de revistas sobre casais que brigam muito, não têm tempo para os parceiros e zombam dos casais que têm uma vida sexual incrível? É possível que haja uma parte em você que ache esses meios de comunicação mais interessantes do que outros que refletem empenho genuíno para melhorar um casamento? Seja totalmente honesta e veja se você se cercou de mensagens negativas sobre o casamento, sem se dar conta de que elas favorecem a voz da infância.

Talvez tenha feito o mesmo com a voz do lar. Ensinamos nossas crianças como um casamento funciona. Você está construindo um lar que corrobora um casamento baseado na admiração e no amor ou que está aquém das expectativas? Você ensinou aos seus filhos a importância dos pais terem um tempo só deles para que possam ser parceiros melhores, o que, por sua vez, seria muito benéfico para eles? Ouça a voz do lar e considere se permitiu, em parte, que ela se tornasse uma voz baseada na voz da infância.

A diferença mais importante entre a voz da infância, a da sociedade e a do lar está na possibilidade de se alterar as duas últimas. A infância passou e, embora consiga entender melhor o impacto causado por ela e fazer as mudanças a partir dessa percepção, não conseguirá voltar no tempo e alterá-la. Porém, você poderá mudar seu círculo social mais próximo e encontrar novos amigos que respaldarão a nova voz direcionada à valorização e à compreensão do cônjuge, conversar com os amigos atuais sobre o assunto e parar de compartilhar aspectos negativos do marido que fazem com que as amigas a incitem e aumentem sua raiva. Poderá também se dedicar a atividades mais edificantes. A mídia oferece muitas imagens diferentes para qualquer estilo de vida.

Na realidade, Cindy nem sabia como era ser apreciativa. Porém, começou pensando na única voz que favorecia a ideia de valorizar seu marido: a dos filhos. Ela se perguntava "O que esta voz me diria para fazer?" e rapidamente fez uma lista de mudanças que achava que os filhos gostariam de ver. Comprometeu-se a fazê-las independentemente de os filhos estarem presentes para vê-las ou não.

Cindy manteve contato comigo por pouco tempo, o suficiente para compartilhar que estava fazendo as mudanças e que no início teve de se esforçar para constantemente lembrar-se de não ser levada pela voz dos pais. Com o tempo, começou a gostar da nova voz. "Meu marido ficou chocado, o que provocou uma mudança nele." Cindy descobriu que a admiração demonstrada fazia-o sentir que ela realmente gostava dele e criava uma nova possibilidade para se sentir mais à vontade para se dedicar a ela.

Em minha pesquisa, os homens constantemente descreviam um momento decisivo no casamento, no qual paravam de se relacionar com as esposas. Novamente, sem culpá-las, esses homens achavam que essencialmente só recebiam críticas sobre o que compartilhavam, fosse sobre como cuidavam do trabalho, da família ou de assuntos relacionados com a paternidade. Eles achavam que eram repreendidos e começaram a compartilhar cada vez menos. Cindy ficou abismada ao ver como o marido se relacionava melhor com ela após ter se concentrado mais no que ele fazia de certo, em vez de agir como a voz antiga — parecida com a da mãe — que preferia apontar o que ele fazia de errado.

Quando não há compaixão alguma pelo marido: a história de Lisa

Lisa entrou em contato comigo com o consentimento do marido, após ele ter respondido ao questionário. Tenho quase certeza de que ela queria saber principalmente qual questionário o marido havia preenchido, mas rapidamente descobriu que minha pesquisa era anônima e, portanto, não havia nomes associados aos dados. Concordou em ser outra voz feminina a analisar a situação em que se encontrava e possivelmente usar a fórmula.

Admitiu não ser compassiva. Foi surpreendente ouvir uma pessoa se definir assim tão à vontade. Ela se defendeu explicando como cuidava bem da casa. Organizada e educada, se sentia confiante porque oferecia aos filhos uma boa educação. Considerava-se compassiva com eles, o que era uma diferença fascinante. Podia falar sem constrangimento sobre a falta de compaixão para com o marido, mas sentia fortemente o contrário com relação aos filhos. Passava o tempo transportando-os para todas as atividades com a precisão de um diretor de empresa e ainda se assegurava de que tinha tempo para se relacionar e se divertir com eles também.

Lisa era uma dona de casa, e o marido, Geoffrey, o provedor da família. Levava suas atividades tão a sério que simplesmente não tinha mais tempo para o marido. Ouvindo-a falar sobre o roteiro diário, não tive dúvidas de que ela estava certa. Era sincera com relação às reclamações dele de que era "fria" e atribuía isso à condição de mãe. O marido tinha de entender. "Afinal de contas, ele não era criança e poderia esperar e aprender que nem sempre é possível ter o que se quer, quando se quer. Além disso, deveria desejar que os filhos tivessem uma mãe excepcional." O que falou fazia muito sentido, porém lembrei-a da finalidade primordial para a qual me contatara: descobrir qual formulário o marido havia respondido.

Lisa concordou em usar a Fórmula de Identificação da Voz Interior e compartilhar as descobertas comigo.

Voz da infância: Lisa perdeu a mãe tragicamente em um acidente de carro, quando tinha 11 anos, ficando com o irmão gêmeo, a irmã mais velha e o pai. Lisa achava que o pai era o melhor do mundo. Na idade adulta, aumentou a reverência por ele, pois percebia o quanto era excepcional para os filhos. Ele trabalhava incansavelmente para manter o padrão de vida e sempre se esforçava para compensar e assegurar que as crianças nunca sentissem a falta da mãe. Foi pai e mãe e, embora houvesse tristeza, criou um estilo de vida que os fazia se sentirem bem-cuidados.

Lisa continuou a mencionar como o pai era abnegado e continuava a ser. Falava brincando que todos tinham de pensar durante meses sobre o que comprar para ele de presente de aniversário, pois não havia nada que pudessem dar. Normalmente, acabavam presenteando-o com uma gravata inexpressiva e um cartão com dizeres bonitos apenas para marcar a ocasião. Ele não permitia que gastassem dinheiro algum com ele, preferia que gastassem em função deles mesmos. Nunca pedia um favor que pudesse afastá-lo dos filhos ou dos cônjuges nem por uma hora.

O pai parecia ser uma pessoa fantástica. Quem poderia adivinhar que a abnegação dele seria a causa principal do problema conjugal de Lisa? Havia na voz do pai algo sobre ela ser amorosa e atenciosa com o marido? Se hoje ela perguntasse a ele, a resposta enfática seria a de amá-lo sempre. Mas a voz marcada em Lisa desde a infância era "Não dê nada ao pai. Não há nada que possa fazer por ele a não ser cuidar de si mesma". A felicidade do pai se resumia em ver os filhos se sobressaindo e sendo felizes na vida. Lisa pegou essa mensagem e a incorporou à própria voz: homens não precisam de gentileza e de compaixão, o que se transformou em "Ele não precisa/não deveria precisar disso".

Obviamente não vamos dar uma surra no pai de Lisa por não ter solicitado nada dos filhos, nem por não permitir que eles sentissem uma maior responsabilidade em dedicar-se a ele. É essa a razão por que não precisamos usar a fórmula para julgar os pais, mas apenas para descobrir o impacto que as perspectivas deles causaram em nós.

Voz da sociedade: quando evidenciei essa voz, Lisa imediatamente lembrou-se de dois dos melhores amigos dela, da irmã mais velha e do irmão gêmeo. Após o falecimento da mãe, eles tornaram-se inseparáveis e, embora a irmã tivesse saído de casa dois anos após o trágico acidente, permaneceram mais apegados do que nunca. Lisa era tão ligada aos irmãos que moravam a uma hora de distância uns dos outros. As famílias constantemente passavam tempo juntas e quase não tinham outras amizades. Essa voz falava da mesma forma que a voz da infância. Todos amavam o pai ao extremo e tanto o irmão quanto a irmã eram pais exemplares — um deles até ganhara o prêmio de pai do ano na escola do filho.

Voz do lar: quando Lisa analisou de fato a voz do lar, surgiu uma voz ressoante que dizia para continuar o que estava fazendo. Embora admitisse que os filhos gostassem que ela demonstrasse compaixão pelo pai, estavam muito ocupados com a escola e as atividades extracurriculares. Era óbvio que dependiam muito da mãe, que tinham muitas necessidades e exigiam muita assistência. Lisa disse, brincando, que era possível que tivessem desenvolvido aquela dependência ao longo dos anos, mas novamente me lembrou que as crianças são jovens apenas uma vez e que os pais nunca podem voltar no tempo e fazer correções. De qualquer maneira, a teoria não ocorria a ela quando pensava no casamento. De forma natural, dizia que o casamento ainda existiria dali a alguns anos. Mas, pensando bem, se o marido estivesse traindo, talvez não.

Mudança de insight: Lisa ouviu as vozes. As três falaram claramente uma única mensagem que controlava o sistema de crenças dela. Estava disposta a continuar a adotar essas vozes como a sua? Nunca havia analisado, mas percebeu que o casamento não ia bem e que simplesmente não estava dando certo. Passamos um bom tempo para conseguir entender que ela não estava errada, o que parecia importante para ela. Mas como há muito tempo o marido havia parado de dar a entender que estava infeliz, ela ficou preocupada de já ser tarde demais.

Interessante é que Lisa procurou o pai para conversar sobre a Fórmula de Identificação da Voz Interior, e ele a aprovou. Além disso, ele reuniu os três filhos e trocou ideias sobre os insights de Lisa para que pudesse ajudar a todos. Comecei a ter um verdadeiro respeito por esse homem excepcional. Ele foi mais longe ainda revelando que gostaria de fazer um cruzeiro, que adoraria se todos pudessem ir para celebrar o aniversário dele e que permitiria que arcassem com os próprios gastos. Na verdade, apenas deixaria que pagassem as despesas dos adultos e insistiu em pagar as próprias e as dos netos, mas isso já era um progresso. O pai de Lisa deu a permissão que ela procurava para contrariar a voz do pai na infância.

Para Lisa, mostrar compaixão e concentrar-se em gestos mais cuidadosos com o marido exigiria uma total reestruturação. Não seria fácil, pois havia criado uma vida atarefada e cansativa. Mas estava confiante de que conseguiria com o tempo, voltando-se constantemente à fórmula para obter insights e permitir-se ser uma pessoa compassiva de verdade, como agora desejava.

Fórmula de Identificação da Voz Interior: Lisa

Lisa reservou a compaixão para os filhos, não para o marido.

Voz da infância:
    Ela possuía um pai abnegado que evitava receber qualquer coisa dos filhos.
    Resultado: Concentre toda a energia nos filhos, não no marido.
    Ele não merece compaixão por fazer o que é esperado dele.

Voz da sociedade:
    Ela era muito próxima dos irmãos, os quais também sentiam o mesmo da voz da infância dela.
    Resultado: Dê mais assistência aos filhos do que ao marido.

Voz do lar:
    Os filhos foram treinados para receber muita atenção e a ajuda dos pais.
    Resultado: Continue a se dedicar aos filhos.

Mudança de insight: a Fórmula de Identificação da Voz Interior de Lisa ativava as três vozes, resultando em uma atenção e foco total nos filhos, enquanto intencionalmente não se concentrava no marido. Ela teve de desenvolver uma nova voz, que valorizasse a compaixão para com o marido. Ela entendeu que não podia confiar na própria voz interior.

Quando ele não merece nada: a história de Linda

Linda encontrava-se num impasse. O marido era sócio em uma empresa bem-sucedida. O problema era que os outros três sócios eram o pai, o irmão e a irmã do marido. Após alguns anos bons, Linda começou a odiá-los. Achava que independentemente da situação, o marido sempre ficava do lado da família e não se dispunha a ouvir qualquer problema que ela tivesse com eles. Ela começou a se perguntar se não estariam tirando mais dinheiro da empresa que o marido. Embora vivessem bem, parecia que a cunhada vivia muito melhor. Ressentia-se do marido trabalhar mais que os outros. Ele dizia que a família dele era generosa e que todos confiavam em todos.

Essas conversas dominavam o casamento e não demorou muito para Linda e o marido ficarem em lados opostos e o casamento começar a afundar. Ao ler parte de meu manuscrito (pedi a algumas esposas dos maridos que entrevistei para fazerem uma revisão), Linda entrou em contato comigo. No ponto em que estava não conseguia se imaginar fazendo nada agradável para o marido. Não achava que ele merecia e certamente não "cederia" ao que acreditava ser culpa dele. Entretanto, prontamente admitiu que o amava e aos dois filhos, muitíssimo.

Linda relatou que "por fora parece estar tudo um mar de rosas, mas por dentro está desmoronando".

Usou a fórmula para entender melhor a si mesma e trabalhar para realizar as mudanças.

Voz da infância: Linda sofrera a terrível tragédia de perder o pai assassinado em um assalto à loja que ele tinha com o irmão. Ela estava com sete anos na época e lembrava-se de todos os detalhes, do policial chegando a sua casa e a mãe chorando histericamente. A avó passou a morar com elas até morrer um ano antes de Linda ingressar na faculdade.

Não é preciso dizer que a vida mudou de forma drástica. Infelizmente, o tio, sócio da loja, não agiu de boa-fé ao assassinato do pai de Linda. Ele alegava não haver nenhuma garantia após a morte do irmão, pois a empresa não tinha dinheiro suficiente para dar qualquer quantia à mãe de Linda. O tio acabou ficando riquíssimo e os filhos dele puderam ser sócios na loja. Linda cresceu em meio à lembrança dolorosa do falecimento do pai. A mãe, apesar do sofrimento, teve de procurar trabalhos humildes e mal-remunerados. O tio e os primos, que Linda outrora amara, tornaram-se vilões e ela não tinha permissão para visitá-los, embora morassem próximos e se encontrassem todos os fins de semana antes da morte do pai. Linda se lembrava da gritaria quando a avó paterna tentava fazer as pazes e a mãe dela a confrontava furiosamente.

Voz da sociedade: Linda estava basicamente rodeada pela família do marido. As crianças haviam crescido com o costume de frequentar umas a casa das outras e Linda nunca quis ficar entre os laços familiares. A família do marido era tão bem conhecida na comunidade que ela achava impossível fazer amigos novos. Seria sempre parte da família dele e não tinha como evitar. Algumas vezes eles conversavam com Linda sobre os sentimentos dela e sobre como não queriam interferir no casamento, mas ela achava que falavam somente porque era o certo.

Voz do lar: os filhos adoravam a família grande e o divertimento que tinham juntos. Ficariam felizes caso a mãe participasse mais nos eventos e mostrasse mais amor pelo pai deles. A casa era bem organizada e havia uma babá em tempo integral. Linda tinha um dia bastante flexível e organizava o tempo em torno das necessidades dos filhos.

Fórmula de Identificação da Voz Interior: Linda

Linda odiava a família do marido e achava que ele não merecia receber nada dela.

Voz da infância:
O pai foi assassinado quando ela estava com sete anos. O irmão do pai era sócio na loja, mas não deu nenhum centavo ou parte da sociedade para a mãe de Linda. Tinham problemas financeiros e a mãe odiava a família do falecido marido.
Resultado: Linda não conseguia confiar na família de seu marido. Ela sustentava uma tremenda raiva dele por se envolver tanto com os parentes.

Voz da sociedade:
Linda tinha dificuldade em fazer amizades fora da família do marido. A comunidade os conhecia bem, e ela achava que não conseguiria encontrar outra identidade. A família ficaria muito feliz se ela fosse agradável com o marido.
Resultado: Linda achava que deveria ser agradável e admirar o marido, mas como era a família dele que a fazia se sentir assim, ela resistia.

Voz do lar:
Os filhos adoravam a família do marido e todos os momentos em que o pai e a mãe eram amorosos um com o outro.
Resultado: Linda achava que deveria ser agradável e amorosa com o marido.

Mudança de insight: Linda aprendeu que a raiva que sentia vinha da voz da infância que falava em nome da mãe. Talvez a mãe tivesse fortes razões para a raiva que sentia, mas Linda não queria mais seguir essa voz na interação com o marido. Queria usar a voz da sociedade e a do lar para aprender a ficar em paz e a ser apreciativa com ele e com a família dele.

Linda sempre achara que o passado a faria querer uma família grande e no início ficou muito animada por ter se casado com um homem com uma família numerosa e unida. Porém, não reconhecia a voz da infância que continha a raiva compreensível da mãe pela família do marido. Somente agora Linda conseguia perceber como os sentimentos dela eram semelhantes aos da mãe. Sem esse insight, via tudo que a família do marido fazia como uma agressão pessoal. Ao levá-los em consideração calmamente, conseguia ver que a soma das partes era muito boa. Porém, a raiva do passado não permitia que sentisse nada diferente de irritação com o marido e a família dele.

O reconhecimento de tal sentimento deu à Linda a habilidade imediata de respirar profundamente e de se sentir mais leve. Procurou colocar a voz do lar e da sociedade à frente das reações e pensamentos. Parecia que a família do marido queria vê-la feliz e nunca a criticava nem a excluía intencionalmente. Os filhos ficariam encantados em ver a mãe feliz, sem discutir com o pai. É possível que somente então Linda realmente tenha a família grande e amorosa, da qual sente falta desde os sete anos.

Mesmo que você ache que tem pouca ou nenhuma resistência a quaisquer das sugestões neste livro, use a Fórmula de Identificação da Voz Interior para decifrar as próprias vozes. Nenhum de nós é perfeito nem recebemos mensagens perfeitas ao longo do caminho. Às vezes, nem percebemos que algo nos incomoda até usarmos a fórmula. Em seguida, sugiro que trabalhe cada área, esclarecendo as mensagens internas e fazendo as vozes trabalharem a seu favor.

PROGRAMA DE AÇÃO RÁPIDA

Passo cinco: a entrega emocional

Para ajudá-la a fazer as mudanças, separe um tempo para usar a Fórmula de Identificação da Voz Interior. Como aprendemos que gestos apreciativos e atenciosos são muito importantes no casamento, independentemente de como se sente em relação a esses conceitos, obtenha um entendimento mais profundo de si mesma nessas áreas. Entenda quais vozes são mais ativas e quais gostaria de despertar mais vezes.

APRECIAÇÃO
Voz da infância:

- O que minha infância dizia sobre uma esposa valorizar o marido?
- Minha mãe estimava meu pai?
- Tive demonstrações de apreço pelo que eu era quando criança?

Voz da sociedade:

- Minhas amigas e irmãs apreciam os maridos?
- Quais as mensagens que a mídia me oferece sobre mostrar apreciação pelo marido?

Voz do lar:

- Como as crianças se sentem quando demonstro estima por meu marido?
- Minha casa é administrada de tal modo que eu tenha oportunidades para mostrar estima por meu marido?

Mudança de insight:

- Quais as vozes que eu preferiria usar e como posso estar mais em contato com elas?

GESTOS CALOROSOS E ATENCIOSOS

Voz da infância:

- O que minha infância dizia sobre uma esposa ter gestos calorosos e atenciosos com o marido?
- Minha mãe tinha muitos gestos calorosos e atenciosos com meu pai?
- Eu recebia muitos gestos calorosos e atenciosos quando criança?

Voz da sociedade:

- Minhas amigas e irmãs têm gestos calorosos e atenciosos com seus maridos?
- Quais as mensagens que a mídia me passa sobre oferecer gestos calorosos e atenciosos ao marido?

Voz do lar:

- Como as crianças reagem quando sou atenciosa e calorosa com meu marido?
- Minha casa é administrada de tal modo que me fornece a melhor oportunidade para dar e receber afeto e atenção?

Mudança de insight:

- Quais as vozes que eu preferiria usar e como posso ter maior contato com elas?

Quando a vida sexual é insatisfatória

As três histórias a seguir estão relacionadas a uma pergunta sobre sexo muito importante para o casamento.

A história de Katheryne: mulher de negócios em primeiro lugar, parceira sexual em último

Katheryne estava casada havia oito anos. Ela e o marido tinham dois filhos — um de seis e um de cinco anos, e eram proprietários de uma corretora de imóveis de sucesso, mas apesar de todos os prazeres compartilhados, havia anos que o marido reclamava que ela não gostava de sexo. Katheryne, por sua vez, alegava que tudo em que ele pensava era sexo. Ela detestava as insinuações adolescentes e o fato de ele a apalpar constantemente. No final, ressentia-se do marido porque, na opinião dela, ele não tentava "fazer amor" e não tinha nenhuma ideia de como dar prazer a uma mulher. Estava cansada e assoberbada com a carreira e as responsabilidades maternas.

Voz da infância: Katheryne só soube pela mãe que o pai a traíra quando já estava na faculdade. Aparentemente, ele havia tido uma amante por muito tempo e, embora não tivesse conhecimento naquela época, Katheryne não ficou surpresa quando soube. Os pais brigavam muito e até onde lembrava não havia muitas demonstrações de afeto entre eles. Achava o pai muito condescendente com a mãe e afirmou ser essa a razão por que ela começara a beber. Tinha muita pena da mãe não ser bem tratada e receber pouco respeito, e essa havia sido a principal razão para Katheryne ser uma das melhores da classe na escola, depois na faculdade e finalmente na organização local de profissionais femininas. Estava determinada a não ser igual à mãe: sem uma educação formal e sem autoestima. Não era uma dama em perigo que precisava ser salva por um homem para depois ser descartada. Essa era a razão de ter 50 por cento de tudo do marido e sempre se certificar de que tudo estava legalmente escriturado para mostrar que eram sócios com partes iguais.

A falta de respeito do pai pela mãe teve alguns efeitos positivos para Katheryne no final das contas: fez com que ficasse extremamente concentrada em não depender de homem. Ao mesmo tempo, o desrespeito do pai pela mãe causou uma devastação em sua vida sexual. O pai humilhava a mãe de várias maneiras, uma delas era considerá-la apenas um mero objeto sexual. De fato, o pai de Katheryne tinha orgulho das revistas *Playboy* espalhadas pela casa e gabava-se de que as passaria para o filho, o irmão um ano mais velho de Katheryne, quando ele fizesse 12 anos. A infância inteira estava repleta de histórias sobre mulheres fáceis, todas as conquistas do irmão e dos amigos dele.

A raiva de Katheryne por homens que humilhavam mulheres estava enraizada profundamente. Ela achava que eles as consideravam meras conquistas sexuais e, uma vez conquistadas, não eram nada mais que animais. Não é de surpreender que Katheryne fosse virgem até o último ano da faculdade e que tivesse se recusado a fazer sexo por muito tempo. Perdeu muitos homens interessantes por ter como princípio somente fazer sexo quando se sentisse segura na relação. No casamento, via-se em primeiro lugar como uma mulher de negócios; em segundo, como mãe; em terceiro, como uma boa amiga; nunca como um objeto sexual ou mesmo como uma parceira sexual.

Katheryne não gostava de sexo e não fazia absolutamente nada para mudar. Para ela, havia apenas "sexo": a conquista de um homem sobrepujando uma mulher e reduzindo-a a um mero objeto físico. Após gerar dois filhos e não ter planos para mais, a relação sexual tornou-se desagradável. Podia fazer sexo com o marido de vez em quando como uma tarefa obrigatória de uma esposa. Se ele não a importunasse, ela fazia questão de transar com ele uma ou duas vezes por semana, o que não era tão ruim, na opinião dela. Portanto, o fato de o marido ficar rodeando-a para ter sexo, e não abraçá-la sem mostrar as intenções de maneira rude, a enlouquecia. Um dia, durante o trabalho, ele apertou o seio dela quando estavam sozinhos no escritório, e ela o esbofeteou. Katheryne ficou surpresa com a reação que teve, mas evidentemente sentiu que era justificável, pois, após anos de trabalho árduo para conseguir ser reconhecida, não permitiria ser identificada como um objeto sexual na área profissional.

Voz da sociedade: Katherine estava rodeada de mulheres que gostavam de sexo e brincavam com ela por ela ser puritana. Katheryne desprezava os comentários explicando que, como elas não eram tão bem-sucedidas na carreira, tinham que se enaltecer de outra forma: afirmando-se sexualmente. No passado, baseada na voz da infância, achava isso patético. Porém, agora, conseguia ver que as amigas tinham conquistas legítimas, quer como mães, provedoras, ou em serviços comunitários, embora todas ganhassem bem menos que ela.

A voz da sociedade dizia que o sexo era divertido e as únicas reclamações estavam relacionadas a ficar cansada demais e a nunca ter energia suficiente para ele. As amigas conversavam sobre o que poderiam fazer para melhorar o sexo e, às vezes, descreviam em detalhes o que funcionava sexualmente para elas. Era especialmente nesses momentos que Katheryne ficava constrangida e se sentia uma puritana. Essa era uma voz positiva na vida de Katheryne, a qual dizia ser normal uma mulher da idade dela querer fazer amor e torná-lo prazeroso.

Voz do lar: Katheryne não se surpreendeu quando percebeu que os filhos não facilitavam para que fizesse sexo. O quarto dela tinha uma política de portas abertas e, quer estivessem buscando um copo d'água ou apenas compartilhando uma piada, os dois filhos entravam e saíam do quarto a noite inteira até a hora de todos dormirem. A porta giratória nunca a incomodou, pelo contrário. Estava fazendo algo bom para os filhos, permitindo que se relacionassem com ela a qualquer momento até a hora de dormir. Achava imaturo o marido reclamar que não tinham tempo suficiente só para eles. Afinal, trabalhavam juntos o dia todo e, muitas vezes, ficavam sozinhos tratando de negócios. Portanto, conseguir o tempo e a privacidade para fazer amor não era algo que ela achasse que os filhos apoiariam.

No entanto, Katheryne reconheceu que provavelmente havia sido ela mesma quem desenvolvera aquela voz porque nunca tentara instituir um espaço privado para ela e o marido. Assim, os filhos estavam de fato seguindo a voz dela, a qual percebera estar presa à infância. Passou a voz da infância para os filhos e eles a reforçaram na voz do lar de Katheryne. Mesmo assim, em momento algum ela percebeu que essa voz seria mais um obstáculo do que um incentivo para um bom sexo.

Mudança de insight: após analisar as três vozes, Katheryne entendeu como a voz da infância, criada pelo pai e pelo irmão, controlava sua vida sexual com o marido. Pela primeira vez, considerou que o sexo fora envenenado para ela, porque era tratado de forma degradante. Além disso, a mãe representava as mulheres que não tinham nada mais a oferecer a não ser sexo, outra voz interior negativa de Katheryne que a fazia fugir do marido. Até sorriu ao perceber que, em qualquer outro aspecto da vida, era uma pessoa decidida: como profissional e como mãe. Não tinha dificuldade para conversar com o marido no mesmo nível e até defender a opinião dela. Mas, quando o assunto era sexo, ficava imóvel esperando que ele fizesse tudo. Não conseguia participar, muito menos conduzir. Essa era a voz da mãe e do pai que a ensinara que o sexo era para satisfazer o homem, o qual essencialmente usava a mulher para atingir esse fim.

> **Fórmula de Identificação da Voz Interior: Katheryne**
>
> Katheryne era uma mulher de negócios orgulhosa, que achava degradante gostar de sexo.
>
> Voz da infância:
> O pai traía a mãe e era condescendente com ela. Ele adorava revistas *Playboy*. As mulheres eram humilhadas e, muitas vezes, reduzidas a meros objetos físicos.
> Resultado: Achava a sexualidade humilhante e não gostava de sexo.
>
> Voz da sociedade:
> As amigas gostavam de sexo e achavam Katheryne pudica.
> Resultado: sexo pode ser divertido, mas Katheryne o descartava, dizendo que essas mulheres não eram tão bem-sucedidas quanto ela e, portanto, tinham de encontrar outros meios para se sentirem bem consigo mesmas, e um deles era o sexo.
>
> Voz do lar:
> A política de portas abertas significava que os filhos entravam e saíam do quarto a noite inteira.
> Resultado: Não havia chance para a privacidade nem espaço para relacionamentos íntimos.
>
> Mudança de insight: a Fórmula de Identificação da Voz Interior de Katheryne a fez perceber como o pai e o irmão haviam envenenado a opinião dela sobre o sexo. Katheryne era uma pessoa que sempre assumia o controle em qualquer situação, menos nessa. Ela criaria uma nova voz baseada em sua voz da sociedade, a qual dava permissão para que tivesse prazer na autoestimulação e na intimidade do sexo.

Agora, Katheryne achava que poderia usar essa informação para ajudá-la a criar a nova voz. Acreditava que teria o apoio da sociedade, isto é, das amigas que, às vezes, conversavam abertamente sobre o lado positivo da sexualidade. Decidiu aplicar as habilidades educacionais na cama e adquiriu diversos livros sobre sexualidade e feminilidade. Não cederia mais às vontades do marido, fazendo o que ele quisesse, mas acharia uma forma de tornar o sexo um acontecimento a dois. Estava convencida de que ele detestaria a ideia de ela conduzir ou fazer exigências na cama e ficou chocada quando ele ficou bem excitado com as mudanças. Estava mais do que confortável com as imposições dela, as quais davam a Katheryne mais controle durante o ato sexual. Ficou feliz em saber as frases que ela gostava de ouvir durante a relação sexual (e evitava dizer as que ela não gostava, pois mencionavam somente a parte física). Estava disposto a parar com as insinuações e comentários adolescentes e prometeu nunca mais tocá-la no escritório. Estava feliz porque a esposa mostrava como satisfazê-la e aprendia a gostar de sexo com ele, o que significava maior frequência e o sentimento de que ela o apreciava e tinha atração por ele. Katheryne ficou surpresa ao descobrir que o marido sentira-se pouco atraente por uns tempos e um patife por "forçá-la" a fazer sexo com ele. A mudança foi brusca para ambos assim que Katheryne decidiu se livrar da voz dos pais e escolher uma nova, apoiada pela voz da sociedade que fornecia opiniões favoráveis sobre ela.

A *história de Lorna: sexo, quem sabe após alguns drinques*

Lorna sempre foi sexy. Pelo menos era assim que se via. O problema era que a relação com o marido tinha sempre altos e baixos, e ela o culpava. Ele não era sensual, beijava brutalmente e só pensava em sexo. Porém, quando o analisava bem, chegava à conclusão de que era um homem compreensivo e que a amava demais. Certamente tinha defeitos e não era um cara excitante. Na realidade, era metódico e pouco atraente, mas não havia uma razão clara para ela não gostar do sexo no casamento.

Lorna gostava do sexo de vez em quando, especialmente após beber um pouco. Fora isso, fazia para agradar o marido e, na maioria das vezes, não conseguia. O marido havia muito tempo parara de tomar a iniciativa. Ela realmente se sentia mal, pois fora sexy por tanto tempo e agora simplesmente deixara de ser. Até consultou o ginecologista, insistindo em dizer que no último parto, uma cesariana, algo devia ter se rompido, o que causara aquela falta de sexualidade. Já havia alguns anos que Lorna não se interessava por sexo, quando aplicou a Fórmula de Identificação da Voz Interior.

Voz da infância: Lorna achava que os pais se amavam e também a amavam muito. Entretanto, me contou que havia passado momentos constrangedores com os meios-irmãos mais velhos. Expliquei que a voz dos pais se estendia para qualquer voz da infância que falasse mais alto. Os pais já tinham sido casados antes e ela era a única criança do segundo casamento. Tinha uma meia-irmã mais velha e dois meios-irmãos, três e cinco anos mais velhos, os quais brincaram de jogos "sujos" com ela dos sete aos dez anos. Esses jogos eram essencialmente atos sexuais que eles a forçavam a praticar e só acabaram quando seus irmãos foram para um internato. Nunca falou sobre o assunto com ninguém. Aos 13 anos, Lorna era promíscua, embora não se considerasse assim, e o que fazia a chocaria atualmente se as filhas praticassem.

Voz da sociedade: todas as amigas reclamavam dos maridos. Não conseguia pensar em uma que realmente gostasse de ser casada.

Porém, todas pareciam ter uma segurança da qual ela não precisava. Lorna não falava muito sobre sexo com elas, muito pelo contrário. Por causa do passado, evitava o assunto e nunca entrava em uma situação na qual poderia sem querer deixar transparecer o abuso que havia sofrido quando criança. Acreditava que, por mais que reclamassem dos maridos, as amigas tinham uma vida sexual boa e pareciam contentes.

Voz do lar: Lorna admitiu que a casa estava uma bagunça e que nunca fora uma boa dona de casa, o que a incomodava por acreditar ser sua responsabilidade. Já que o marido era o único a ganhar dinheiro, ela era encarregada de cuidar dos afazeres domésticos e das crianças. Todavia achava-se uma fracassada. O lar não era organizado e os filhos levavam uma vida desestruturada. Tinha uma filha mais velha do primeiro casamento, razoavelmente independente, mas que ainda precisava que o dever de casa fosse revisto, e duas filhas mais jovens que precisavam de tudo. Faziam o dever de casa em horários diferentes porque estavam envolvidas em atividades extracurriculares. O jantar era improvisado, assim como a hora do banho. Lorna sentia como se nunca terminasse as compras e a lavagem das roupas. Ao fim dos deveres como mãe, estava tão exausta que mal tinha forças para escovar os dentes, muito menos fazer sexo. Geralmente adormecia antes da filha mais velha e, às vezes, até antes da mais nova. Sem dúvida alguma, a voz do lar não dizia para fazer sexo com o marido.

Mudança de insight: a Fórmula de Identificação da Voz Interior ajudou Lorna a enxergar claramente como a voz da infância sobressaía diante de qualquer outra voz interna. Começou a perceber que todo o sexo que praticara antes era para dar prazer aos homens em vez de sentir e se dar prazer. Recordou nunca ter tido um orgasmo até os vinte e poucos anos, uns dez após fazer sexo pela primeira vez. A voz dos meios-irmãos era horrível e o fato de não ter contado aos pais por medo de ser vista como uma pessoa má causou um sentimento de desvalorização e falta de controle. Por meio da promiscuidade conseguia fingir controlar o mundo.

Tal comportamento continuou pela vida adulta e pelos dois casamentos. Mesmo quando o sexo era bom e frequente, sempre era para satisfazer o marido. Ela gostava mais quando tomava a iniciativa e controlava a situação. Reconheceu que estava novamente no controle do sexo, cedendo ao marido quando ela quisesse.

Lorna começou a reestruturar a sexualidade. Queria encontrar uma nova voz saudável que permitiria realmente relacionar-se durante o ato sexual. De vez em quando, tinha de permitir que o marido a satisfizesse e que fosse a personagem principal. Tinha de continuar com ele e permitir que iniciasse a relação sem confundi-lo com as vozes feias que a desvalorizavam e ameaçavam o controle.

Lorna falou abertamente com o marido e pediu que a deixasse controlar as relações sexuais por um tempo, para que pudesse resolver os problemas dela. Devagar, mas sempre, conseguiu desenvolver a própria voz. Até conseguiu perceber que os abusos do passado haviam contribuído para o desarranjo do lar. Ele foi o causador do descontrole dela, e a casa o representava. Contratou uma empresa especializada em arrumação de casas que a ajudou a definir um lugar para cada objeto, a sincronizar os deveres de casa das crianças, a planejar um cardápio e a encontrar um tempo para ela.

Lorna não apenas recuperou a sexualidade, como também a autoestima e a capacidade de criar um lar mais estruturado e afetuoso.

> **Fórmula de Identificação da Voz Interior: Lorna**
>
> O abuso sofrido por Lorna na infância estragou o casamento dela.
>
> Voz da infância:
> > Os pais eram amorosos um com o outro, mas os meios-irmãos brincavam de jogos sujos, fazendo-a praticar atos sexuais com eles, dos sete aos dez anos.
> > Resultado: O sexo estava associado a atos sujos, à culpa e a ser controlada.
>
> Voz da sociedade:
> > As amigas reclamavam dos maridos. Lorna evitava falar sobre sexo por causa da aflição que causava nela.
> > Resultado: Simplesmente fique satisfeita com o casamento e não perca o equilíbrio.
>
> Voz do lar:
> > O lar estava uma bagunça.
> > Resultado: Sentimentos de fracasso e de opressão.
>
> Mudança de insight: a Fórmula de Identificação da Voz Interior de Lorna mostrou como o abuso no passado controlava a vida íntima, e as amigas e o lar não ajudavam a tomar outra direção. Precisava criar uma nova voz que permitisse ter prazer e se relacionar com o marido durante o ato sexual. Planejou ir a um terapeuta que a ajudaria a não ser dominada pelas vozes do passado. Conversou com o marido sobre como ele poderia auxiliá-la a ter controle da vida sexual.

A história de Alicia: o sexo nunca teve um bom começo

Antes de Alicia e Thomas se casarem, a vida sexual tinha bons momentos, mas quando foram morar juntos, o sexo mudou. Amavam-se e faziam sexo de vez em quando, mas normalmente não tinham tempo. À noite estavam exaustos e as crianças normalmente estavam no quarto. Era o segundo casamento de Alicia, e a filha de cinco anos, após o divórcio, se acostumou a dormir com ela. Sabia que teria de tirá-la da cama quando casasse, porém, um mês após o segundo casamento, o sentimento de culpa ganhou e a filha estava de volta na cama. Alicia considerava Thomas um bom exemplo para a filha e todos os três ficaram muito unidos. O ex de Alicia não mantinha um bom relacionamento emocional com a filha, e ela ficava aliviada em ver como Thomas e a filha se deram bem logo após o casamento.

A relação sexual era reservada para quando a filha estava na casa do pai no fim de semana, a cada 15 dias. Por um tempo, não houve problemas. No entanto, vieram mais dois filhos em sequência, e a filha de Alicia, agora com dez anos, continuava a dormir na cama com eles. Com mais duas crianças, era provável que nada mais acontecesse mesmo.

A ideia de trancar a porta do quarto e criar uma privacidade noturna era tão desagradável e sufocante para Alicia que pedi que experimentasse a Fórmula de Identificação da Voz Interior para enfrentar o problema.

Voz da infância: Alícia interessou-se pelo assunto. Ela lembrou que os pais eram muito sexuais, tanto que cresceu se sentindo muito solitária. Recordou que ela e a irmã sempre iam para a cama sozinhas, pois os pais saíam todas as noites. O quarto deles estava sempre fechado e a mãe explicara claramente que a entrada era proibida para elas. Havia um tempo determinado para a família se reunir na sala, mas, para Alicia, era pouquíssimo tempo para se relacionar. A única vez em que ela e a irmã criaram coragem para entrar furtivamente no quarto dos pais acharam revistas pornográficas e acessórios sexuais. Ficaram envergonhadas sem saber por quê.

Alicia achava que a voz dos pais a incentivava a fazer sexo e a sentir prazer. Porém percebeu que era muito mais complicado. O que essa voz realmente expressava, como Alicia a percebia, era fazer sexo, mesmo que prejudicasse as crianças. Ela não dizia "Façam amor, sejam melhores parceiros e deixem esse amor fluir para os filhos". Era mais uma mensagem como "Ignore os filhos e esbalde-se sem medir as consequências".

Voz da sociedade: Alicia era professora e sempre estava rodeada de crianças da escola primária. Era apaixonada por ajudar a educá-las e concorria a um cargo na diretoria da escola. Ativa em várias organizações educacionais na comunidade, os amigos, a vida social e o tempo livre eram sempre relacionados à reforma escolar. Alicia não achava que a sociedade enviava mensagens de uma vida sexual feliz.

Voz do lar: Não é necessário dizer que os filhos e o ambiente no lar criaram uma atmosfera de sexualidade limitada, na melhor das hipóteses. Não só não tinha privacidade no casamento, como o tempo familiar era cheio de ligações telefônicas e conversas sobre metas da comunidade e dos filhos.

Mudança de insight: Alicia percebeu que as três vozes eram inadequadas. Era óbvio que a sexualidade desavergonhada dos pais instaurara um sentimento nela de que o sexo era errado. Ele significava negligenciar os filhos e Alicia achara uma forma de evitá-lo. Agora podia abrir o caminho para a nova voz criada em um novo entendimento do que o casamento necessitava e o que ela e o marido mereciam: um local privativo para se amarem, separado das crianças e do resto do mundo de forma equilibrada. Trabalhou para conseguir criar uma atmosfera familiar diferente que oferecesse naturalmente um amor caloroso aos filhos, porém equilibrado com o amor caloroso ao marido também. Enquanto preparava a nova estrutura, houve muitos momentos em que as crianças tentaram fazê-la se sentir culpada com comentários infantis como: "Você não me ama mais." Entretanto, Alicia manteve a nova voz sempre presente e ficou firme.

Fórmula de Identificação da Voz Interior: Alicia

Alicia teve filhos logo após o casamento e estava sempre exausta.

Voz da infância:
Os pais eram tão sexuais que Alicia cresceu se sentindo solitária. Os pais raramente estavam em casa assumindo seus papéis diante dos filhos.
Resultado: O sexo e a paixão deixam os filhos solitários.

Voz da sociedade:
Ela estava muito envolvida com a diretoria da escola e a educação escolar e não conversava com os colegas sobre casamento.
Resultado: A sociedade não procura pela excelência no casamento e na relação sexual.

Voz do lar:
A família é definida pelos filhos, as atividades e a educação deles.
Resultado: Para ter uma vida familiar satisfatória, coloque toda a energia nas crianças.

Mudança de insight: a Fórmula de Identificação da Voz Interior de Alicia a ajudou a ver que estava zangada com os pais por todo o amor conjugal que a excluíra. Queria desenvolver uma nova voz que permitisse amar e fazer sexo sem que interferisse em suas metas com as crianças. Começou a cogitar como seria melhor para elas terem os pais apaixonados, menos tensão em casa e podendo se sair melhor na escola.

PROGRAMA DE AÇÃO RÁPIDA

Passo seis: o sexo

Embora o sexo não fosse o principal motivo dado pelos homens infiéis para a insatisfação conjugal, 32 por cento afirmaram que a insatisfação emocional e sexual era basicamente a mesma coisa, juntamente com os 8 por cento que afirmaram ser a insatisfação sexual o principal problema no casamento. Obviamente, o sexo é uma parte integrante na criação de um casamento amoroso.

Aprendemos também que a prioridade sexual para os homens infiéis é a frequência. Analise a lista a seguir para determinar onde você se encontra nessa questão e em que aspectos pode começar a melhorar e a colocar em prática soluções eficazes. Pelas respostas às perguntas, poderá ver onde deve concentrar as energias para criar um casamento mais satisfatório e íntimo.

1. Em uma escala de 1 a 10 (sendo 10 o melhor), como meu marido avalia nossa relação sexual quanto à/ao:
   - Frequência
   - Prazer que dou a ele
   - Confiança dele em me dar prazer
   - Preliminares

2. Quais são os melhores momentos para *eu* fazer amor?

3. O que posso fazer para ficar disponível nesses momentos e ter a energia necessária?

4. O que desejo de meu marido que aumentaria meu prazer sexual?

5. O que meu marido pode fazer para aumentar meu prazer sexual?

6. O que meu marido poderia fazer para ajudar a criar uma atmosfera sexual naqueles momentos ideais mencionados no item 2?

MUDANÇA REVELADORA 173

7. O que posso fazer para conhecer melhor meu corpo e ter mais prazer ao fazer amor?

Execute as seguintes ações imediatamente:

Semana 1: Faça amor uma vez a mais do que de costume. Tome a iniciativa da relação sexual. Para essa vez a mais (e pelo menos uma vez por semana nas semanas seguintes) inclua:

1. Pelo menos 5 minutos de toques prazerosos em partes do corpo não eróticas.
2. Pelo menos 10 minutos de preliminares antes da relação sexual.
3. Quase chegar ao orgasmo antes de começar a relação sexual.
4. Estímulo ao clitóris durante o ato sexual.
5. A estratégia de continuar a estimular o clitóris para você atingir o orgasmo, caso seu marido atinja antes.

Esta ação semanal pode ser planejada. Sugira que ambos coloquem as crianças para dormir em um horário razoável, ou que acordem mais cedo que o usual, antes das crianças.

Semana 2: Tranque a porta do quarto.

1. Após as crianças dormirem, tranque a porta do quarto e durma relaxada ou nua (se estiver pouco à vontade, use a Formula de Identificação da Voz Interior para ter uma mudança de insight ou compre lençóis mais macios).
2. Aconcheguem-se pelo menos uma vez a cada noite, antes de cair no sono, mesmo que seja por apenas um minuto.
3. Dê um beijo de boa-noite na boca.

7

Lições de casamentos bem-sucedidos

Eis um segredo simples que compartilhei com milhares de casais em terapia comigo e em meus seminários: casais bem-sucedidos acentuam os pontos positivos e atenuam os negativos, enquanto casais malsucedidos acentuam os pontos negativos e atenuam os positivos. Casais malsucedidos costumam justificar o fracasso do casamento culpando o cônjuge. Imaginam que os casais bem-sucedidos têm uma vida tranquila com menos estresse e menos problemas do que a deles. Esse é o principal erro dos casais malsucedidos. Casais bem-sucedidos enfrentam os mesmos problemas e estresse, sejam financeiros, profissionais, na criação dos filhos, doenças, e dificuldades com os parentes do cônjuge. Entretanto, a maneira como lidam com esses problemas é extremamente diferente, e é o que os torna bem-sucedidos.

Casais bem-sucedidos:

1. recordam e mantêm na memória os bons momentos da relação.

2. compreendem que, às vezes, o cônjuge pode ter algum problema e, portanto, não levam para o lado pessoal cada possível ato negativo do cônjuge.

Os cônjuges de um casamento bem-sucedido saem de uma briga e pensam "Por quanto tempo ficarei zangada por causa desse assunto bobo? Ele tem sido tão bom comigo", "Esteve um pouco fora do normal porque está muito estressado", "Ontem, ele conseguiu ficar comigo um pouco mais...".

As esposas de um casamento malsucedido saem de uma briga pensando algo como "Como ousa?", "O que ele tem feito ultimamente para mostrar qualquer tipo de carinho?", "E daí que ele está estressado, eu também, todos estão", ou então "Ele não fala assim com a mãe dele". Essa esposa não faz esforço algum para perdoar qualquer comportamento do marido, recordar o que ele fez de bom, nem cogitar que a atitude dele possa não ter nada a ver com ela.

Asseguro que não quero sugerir que o casal bem-sucedido não faça nada mais do que perdoar uma briga. Porém esse casal logo reduz o negativismo, esquece a briga rapidamente e o cônjuge ofendido em geral recebe um pedido de desculpas sincero porque o outro cônjuge é tão apreciativo que o erro não se transforma em uma guerra mundial. Normalmente, os homens defendem o ponto de vista com mais fervor quando confrontados com hostilidade ou ações punitivas. Se a esposa decidir ficar zangada com o marido, sem falar com ele e evitar o sexo por um tempo, as ações dela não deixarão alternativa alguma a não ser uma reação. Os homens costumam ficar zangados e punir, caso se sintam penalizados por algo que não consideraram tão importante.

O casal bem-sucedido retorna com uma atitude em relação ao outro de "Não quero continuar assim. Vamos fazer as pazes e tentar entender o que me aborreceu". Esse tipo de atitude quase sempre fará do marido um cônjuge apreciativo, que pode admitir os erros e até se comprometer a ser mais generoso no futuro. Frequentemente, o casal bem-sucedido volta à cama naquela mesma noite, fazendo amor e decidindo como dedicarão o tempo de que tanto necessitam no dia seguinte ou nos demais dias para remediar o pequeno percalço. Casais bem-sucedidos voltam a se relacionar, pois se lembram da parte boa do relacionamento apesar dos momentos ruins, os quais também ocorrem nos casamentos malsucedidos. Os casais bem-sucedidos se lembram de que estão casados e de que se amam. Eles têm de fazer dar certo, então por que perder tempo ficando zangados? Permitem que o amor permeie os sentimentos desenvolvidos durante anos, em vez de manter viva a lembrança dos sofrimentos.

Casais bem-sucedidos enfrentam os problemas, não um ao outro. Visualizam-nos como uma entidade irrepreensível e não desperdiçam o tempo com culpa.

O casal malsucedido se afunda na negatividade e não proporciona nenhuma chance de conciliação porque já estava desanimado desde o início. Nunca aprendeu a superar uma briga e, como se apegava à discussão e se punia, nunca chegou a uma solução.

Depois de um tempo, há um momento em que todo casal constrói uma história. O casal bem-sucedido cria uma história baseada principalmente nos momentos bons. As brigas não persistem tanto na memória porque não são contínuas e punitivas. O casal malsucedido passa anos em cima de uma montanha-russa e, cada vez que há outra briga, faz a ligação com as discussões anteriores adormecidas.

> **Exemplo de um casal bem-sucedido**
>
> 1. Recorda e mantém na mente os bons acontecimentos no relacionamento.
>
> 2. Não leva para o lado pessoal o negativismo do cônjuge.
>
> 3. Lembra-se de que o esforço para fazer mudanças demonstra o amor maior, embora possa demorar um pouco para alcançar as metas conjugais.

Lembre-se de que os homens são seres emocionais que reagem bem à bondade e ao reconhecimento. Conseguem mostrar solidariedade e entendem os sentimentos femininos. Se tiverem oportunidade, fazem tudo emocionalmente e, para eles, essa ocasião aparece quando há enfoque no lado positivo.

Uma briga, duas formas de administrar

Analisemos dois casais brigando pelo mesmo motivo e vejamos quando cada um toma a decisão de se afastar ou de ir ao encontro do amor e do sucesso. A esposa é muito amorosa com o marido, faz sexo com ele frequentemente e é apreciativa e atenciosa e, após anos sem férias, justamente no primeiro dia livre, ele decide ir pescar sem ela. É compreensível que ela se sinta tratada de maneira mesquinha.

Se estivesse no casal malsucedido, pensaria como se esforçara para ser amorosa com ele e ele não a valorizou. E daí se ele está estressado? A vida é assim. Você também está estressada com os próprios problemas além de ser amável com ele quando está aborrecido. Você diz: "Como ousa ir pescar e me deixar aqui como se eu fosse um brinquedo com o qual faz sexo e depois larga para ir brincar sozinho. Não tem sido fácil cuidar de tudo e atender seus desejos enquanto você está sob estresse. Se toca, todo mundo está estressado. Eu estou estressada. Enfim tiramos férias, as primeiras em sabe-se lá quanto tempo, e você simplesmente me larga aqui."

Ele responde: "Eu não sabia que era tão difícil para você me apoiar. Você não sabe o que é estresse! Se soubesse, seria bem diferente. Acha que está estressada? A babá se demitiu? Dá um tempo! Será que já passou pela sua cabeça que pode ser justamente por isso que não temos tirado férias há tanto tempo?"

Esse casal se enterrou. Ela explodiu com uma erupção de emoções, nas quais o amor não foi levado em conta. Achava que o ponto de vista dela era totalmente justificável e o paradoxo é que de fato *era* objetivamente válido. Porém a maneira com que se expressou foi perniciosa. Se a meta era conseguir com que o marido a entendesse, se desculpasse e fizesse com que os dois se valorizassem, infelizmente falhou.

Se quiser ter sucesso, tente ser compreensiva e entender como ele tem trabalhado muito ultimamente e como ficou absorto no desejo de aliviar o estresse e usar as férias para ele mesmo. Felizmente, há ainda quatro dias para reverter a situação e pedir a ele para ser mais sensível em relação a como você gostaria de usufruir o tempo. Diga algo como: "Amor, esperei ansiosamente por esta viagem só para nós dois. Você tem trabalhado tanto ultimamente e tenho tentado dar todo o apoio. Você saiu hoje sem mim e me senti deixada para trás. Senti muito a sua falta. Realmente quero planejar nossos dias para que possamos nos divertir juntos."

Ele responderá: "Desculpa. É que eu tenho trabalhado muito e achei que esta viagem me daria um pouco de tempo para resolver alguns problemas [o comentário defensivo dele]. Mas já consegui fazer isso hoje e você tem sido muito legal. O que vamos fazer amanhã?" Talvez pareça simples e perfeita demais, porém não se engane, funciona. E, se não funcionar, continue insistindo sem entregar os pontos e sem proceder da maneira como o casal malsucedido faria.

O amor depende de esforço

Por estar lendo este livro, você já tem em mente o objetivo de melhorar o relacionamento. É possível que queira que o marido preste mais atenção em você, a elogie mais, seja mais responsável no dia a dia da família ou mais agradável. Seja o que for, você já tem algo em mente. Se ele se comprometer a fazer mudanças nessas áreas, o que acontecerá se não atender às expectativas? É possível que fique zangada, desesperada, esgotada ou indiferente.

O que esquecemos é que, quando amamos verdadeiramente, fazemos de tudo para agradar o cônjuge. Nem sempre é possível satisfazer as expectativas dele. O amor não está no resultado final, mas sim no desejo sincero de alegrar o companheiro. Se seu marido não se importasse, nem tentaria.

Lembre-se de que a mudança é extremamente difícil para todos. Mudar significa admitir que não se é tão perfeito quanto se imaginava. Há um elemento de autocrítica muito importante quando nos comprometemos com a mudança. A disposição dele de mudar, expressa verbalmente ou não, é uma prova de amor, mesmo que leve muito tempo para ele satisfazer a visão que você tem do casamento. Ainda que esteja se empenhando mais do que ele para manter o casamento, é crucial reconhecer o esforço dele para satisfazê-la.

Tudo bem se você conduzir esse processo, desde que o resultado seja fazê-lo mudar. A esperança é o combustível das mudanças. O que motiva o homem é o sentimento de ter se esforçado e o reconhecimento e admiração da esposa. A desesperança vem de uma mensagem do tipo "Nada serve", que o esgota e o faz pensar que nunca conseguirá vencer. Este é o momento em que ele pode facilmente parar de tentar.

A história de Karen: por que os esforços do marido dela nunca foram suficientes

Karen se casou com o namoradinho do ensino médio, Matt. Atualmente com 36 anos, estão juntos há 21. Imagine a surpresa dela por não saber mais o que fazer com ele. Como ela mesma colocou, perdera a paciência. Começara a acreditar que o relacionamento baseara-se em necessidades infantis. Ambos vinham de famílias negligentes e, quando jovens, praticamente corriam um para os braços do outro quando sentiam que não tinham mais ninguém. Mas agora estavam distantes, cada um na sua, se agarrando ao passado mais do que a qualquer vitalidade atual. Karen compartilhou comigo a desaprovação pelo marido trabalhar até tarde; o fato de ele passar o tempo com os colegas e não com os filhos e a esposa, a forma como ficava em casa jogando na internet em vez de jantar com a família. As crianças eram bem jovens e choronas e ele a culpava por não ter um lar mais feliz ao voltar para casa depois de um dia árduo de trabalho.

Um dia, Matt a surpreendeu ao voltar do trabalho às 18 horas com um jantar pronto, para que pudessem jantar juntos e ela não ter de cozinhar. Porém Karen já tinha preparado o jantar e ficou perplexa por ele não avisar antes para que ela pudesse ter usado melhor o tempo. Pela primeira vez ele a convidou para ir junto com os amigos a um torneio de pôquer que frequentava às quartas-feiras, mas Karen achava que ele a ignorava a noite inteira e não fazia nada para incluí-la. Não sabia nada de pôquer e se sentia uma intrusa. Os argumentos dela eram válidos? Parece que sim. Mas estava julgando Matt pelo resultado final, em vez de enxergar a disposição dele para se esforçar em introduzir algo de novo. Matt tinha levado em consideração a mensagem de Karen e esse era o momento para ela encontrar uma forma de se encaixar em algumas mudanças e aprová-las.

Ao aprovar e mostrar reconhecimento, você motiva o marido a ser mais sensível e a desejar fazer mais por você. Ser amorosa com ele não significa que o ache perfeito e que não queira que ele mude, mas sim dizer que se concentrará no amor de vocês. Desde que esse amor faça com que cada um se esforce para agradar o outro, as coisas só tendem a melhorar.

Para entender a situação, Karen usou a Fórmula de Identificação da Voz Interior.

Voz da infância: Aos sete anos, Karen perdeu a mãe e o pai casou logo em seguida com uma mulher que Karen descreveu como Cruella De Vill. Karen e os três irmãos saíram de casa assim que puderam, todos antes dos 18 anos. Paradoxalmente, o pai dizia que ficara com a segunda esposa por causa das crianças. Ele achara uma forma de ficar o mais longe dela possível, porém parecia satisfeito por ela cuidar de seus filhos. Infelizmente, o cuidado com as crianças representou um lar meticuloso no qual a compulsão obsessiva por limpeza e por organização faria os fuzileiros navais se envergonharem.

Voz da sociedade: Karen percebeu que as amigas estavam tão cansadas e solitárias quanto ela. Uma amiga querida envolvera-se profundamente em um caso extraconjugal para o qual Karen servia de álibi, enquanto as outras colegas toleravam a ética profissional dos maridos. Ela conhecia várias esposas de colegas de trabalho do marido e todas reclamavam das longas horas de trabalho.

Fórmula de Identificação da Voz Interior: Karen

Todo o esforço do marido não era suficiente. Ela sempre encontrava razões para justificar que ele estava aquém das expectativas.

Voz da infância:
A mãe faleceu quando Karen ainda era criança. O pai casou com uma mulher extremamente negativa.
Resultado: Uma atitude negativa em relação àqueles que amava.

Voz da sociedade:
As amigas estavam cansadas e solitárias. Uma amiga íntima traía o marido.
Resultado: Casamento apenas subsistindo, nem bom nem ruim.

Voz do lar:
Tinha dois filhos que amavam a mãe e o pai. Um era autista e necessitava de terapia constante.
Resultado: Os filhos queriam que Karen fosse mais positiva em relação ao pai, mas as necessidades deles se somavam ao estresse do casamento.

Mudança de insight: a Fórmula de Identificação da Voz Interior permitiu que Karen entendesse que a raiva da infância e a indiferença da sociedade faziam com que ela não desse muita chance ao casamento. Precisava aprender a ativar a voz do lar e as vozes carinhosas dos filhos, dependentes desesperadamente do amor e da união dos pais.

Voz do lar: Os dois filhos, de dois e cinco anos, davam muito trabalho. O mais velho era autista, e o estresse, além das terapias necessárias para ajudá-lo, eram intermináveis.

Mudança de insight: Karen achava que não havia tido muita sorte com as duas primeiras vozes. O falecimento da mãe e a substituição por uma mulher neurótica falavam muito alto e diziam "seja negativa". Rapidamente percebeu que, quando expressava a decepção com Matt, podia ouvir as mesmas palavras que a madrasta dizia. Estremeceu ao perceber que estava assumindo aquela personalidade.

A voz da sociedade era indiferente e cansada. Achava as amigas insatisfeitas ou indiferentes com o casamento, o que tentavam resolver de forma errada. Certamente, essa voz não a ajudaria a conseguir uma visão positiva sobre Matt e o casamento. Inclusive notou que a expressão facial dela espelhava exatamente a das amigas.

A voz dos filhos certamente era a mais carinhosa. Sabia que amavam o pai muitíssimo e, embora devesse ser mais presente, ele brincava e era amoroso com eles quando estava em casa. Ao mesmo tempo, a voz do lar a lembrava do trabalho árduo de cuidar da casa com dois filhos, sendo que um necessitava de cuidados especiais. Eles gostariam de viver em um ambiente amoroso, porém as demandas da situação criavam um sentimento opressivo que a fazia ficar zangada com Matt, porque ele, às vezes, não a salvava daquela situação.

Agora, Karen começava a entender as vozes. Teve de desenvolver uma nova voz que não simbolizasse a madrasta, a necessidade dela de que Matt fosse o pai que não teve e a raiva por ele não a salvar de um dia estressante com os filhos. Tinha de encontrar uma voz mais suave que incorporasse o quanto o amava e que reconhecesse o quanto ele também sofria e lidava com a dor ficando longe da família. Queria criar uma voz que valorizasse o quanto Matt tentava trazê-la para o mundo dele. Talvez precisasse sair com ele e os amigos e apenas assistir ao pôquer, jogar um pouco, esquecer os problemas do lar por uma noite. Precisava parar de culpá-lo e perceber que ambos trabalhavam muito, cada um de uma forma e, se conseguisse amá-lo por ele tentar mudar, encontrariam novos meios de ficarem juntos e fariam mudanças ainda melhores que satisfariam a ambos.

8

Cuide de si mesma

Quando não nos cuidamos, não conseguimos cuidar do casamento, dos filhos, de ninguém. Jenna era gerente de operações de uma empresa de porte médio. Ela e o marido, Greg, tinham dois filhos e outro mais velho do casamento anterior de Greg. Embora, normalmente, ele fosse muito prestativo, com frequência, "esquecia" de fazer o que Jenna pedia. Mesmo com uma diarista, Jenna tinha inúmeras tarefas. Para piorar, a ex-esposa de Greg vivia telefonando com reclamações que Jenna tinha de resolver, como garantir a presença do marido no jogo de futebol do enteado. Jenna dava conta de tudo, até não conseguir mais.

Nesses dias, gritava com os filhos e ficava zangada e desesperada. Normalmente, ela e Greg acabavam tendo brigas feias, durante as quais diziam o que não deviam e se arrependiam depois, o que se tornou uma rotina por um tempo. Jenna achava que o marido era semelhante aos filhos, na demanda por atenção e eles pareciam saber quando ela estava mais vulnerável. Nessas horas, Greg provocava uma briga ou anunciava uma nova ideia à qual sabia que Jenna se oporia. Esses momentos ficaram mais frequentes e o marido já a enervava.

Um dia, Jenna deu um basta. Ouvira por acaso uma mulher mais velha descrever a própria mãe como alguém que sempre "usava um bom perfume e ostentava um sorriso no rosto quando a via". Jenna percebeu que a descrição de forma alguma se aplicava a ela e ficou muito tensa. Portanto, se borrifou de Channel Nº 5 e abriu um grande sorriso ao entrar pela porta da casa. Os filhos olharam-na alarmados e perguntaram o que estava acontecendo. Ela sorriu de novo e continuou a se lembrar de que era uma pessoa de sorte e de que tudo estava bem. As crianças a lembraram de que tinham um projeto de ciências para apresentar na escola naquela semana. "Vocês poderão trabalhar nisso hoje à noite", disse. Quase perdeu a pose ao tropeçar na pilha de sapatos do marido ao lado da escada. Embora o tivesse lembrado, pela manhã, do importante jogo do filho, o encontrou na frente do computador. Certamente, a ex telefonaria a qualquer momento culpando-a novamente. Lembrou-se de ter ouvido falar que eram esses pequenos fatos estressantes do dia a dia que se acumulavam e faziam uma pessoa perder o controle. Respirou profundamente. O marido olhou para ela e disse que havia convidado dois amigos para assistir ao jogo naquela noite. Ela teria de ir à reunião do comitê sozinha de novo. Embora soubesse que não seria um grande problema e que ele podia fazer o que quisesse na própria casa, se sentiu como se estivesse desmoronando.

Aquele foi o momento decisivo, no qual tudo passou pela sua mente: "tempo para si mesma", "oprimida", "multitarefa", "autocontrole", "se mamãe não está feliz ninguém está", "se você está contente, os outros à sua volta também estarão". Chega! Telefonou para o chefe do comitê e explicou que não poderia ir à reunião. Subiu as escadas, tomou um bom banho quente e percebeu que estava esgotada.

Começou a conversar com outras mulheres sobre como lidavam com o estresse e como se cuidavam. Pouco depois, juntou-se a um grupo que fazia caminhadas e então começou a se exercitar com frequência, gostando de fato do aumento das endorfinas. Conseguiu tornar a casa mais silenciosa e comprou um aparelho de som para a cozinha. Começou a dizer não a obrigações desnecessárias, tanto sociais quanto profissionais. Conseguiu que uma aluna do ensino médio ajudasse as crianças com os deveres de casa e os projetos e começou a enviar mensagens de texto ao marido com lembretes, o que parecia ser uma forma eficaz. Convidava-o para jantar fora e, quando ele não podia, saía com uma amiga. De vez em quando, programava alguns dias no *spa* e descobria soluções criativas nesses dias. Toda vez que se sentia culpada por usar esse tempo para si, repetia como um mantra: "É bom para mim, e o que é bom para mim é bom para minha família."

O marido parecia mais feliz e, quando Jenna falou com a mãe sobre as mudanças, ficou surpresa por ser encorajada: "Meu bem, melhor gastar com isso do que com advogado ou médico." A melhor amiga disse: "Como pode cuidar dos outros se não cuidar de si?", o que fazia sentido e, embora ainda houvesse desafios, Jenna descobriu que estava mais bem preparada para enfrentá-los. Parou de se sentir culpada e reconheceu que cuidar da mente, do corpo e do espírito não era um sinal de fraqueza ou de egoísmo, mas uma força que a capacitava para estar presente no casamento, no trabalho e na família.

Cuide da forma física

Atualmente, é possível que as expectativas sejam ainda maiores. Normalmente, a pressão aumenta quando precisamos atuar em diferentes situações. Ter tempo e concentração para sobressair em uma área primária da vida é, muitas vezes, menos estressante do que ter de se sobressair em múltiplas áreas, mesmo que o tempo gasto seja o mesmo.

A Medco Health Solutions, uma empresa que gerencia os benefícios dos medicamentos, estima que 16 por cento das mulheres norte-americanas entre vinte e 44 anos, quase seis em uma, tomam medicamentos antidepressivos. Esse percentual cresceu 57 por cento em apenas cinco anos e é quase o dobro do percentual dos homens. Da mesma forma, nos últimos quatro anos, houve um acréscimo de 113 por cento em estimulantes prescritos para tratamento da DDA adulta (Distúrbio do Déficit de Atenção) para mulheres, na mesma faixa etária. Uma taxa de crescimento 20 por cento maior que entre os homens na mesma faixa etária. E as mulheres têm o dobro de possibilidade de precisar de sedativos que causam dependência para tratar ansiedade e estresse.

A maioria dos homens consegue facilmente atribuir a si mesmo os sentimentos de sucesso. Trabalhar muito, ganhar bem, ser amável e de certa forma se envolver com a esposa e os filhos, "oba, ponto para mim!" Com relação às mulheres, é provável que sintam que as obrigações delas nunca acabam e que raramente podem dar-se ao luxo de sentir o gosto do sucesso. Muitas mulheres estão tão envolvidas com os que amam que não têm tempo para cuidar de si. É possível que algumas estejam esperando que outros o façam para ela. Essa é uma boa ideia, porém, há muitos maridos e filhos que somente aprenderão a amar esposa e mãe baseados nas mensagens transmitidas por elas sobre a necessidade de ser amada. Caso não se cuide adequadamente, os outros também tenderão a não fazê-lo.

Essa é uma área difícil de analisar, porque não é possível afirmar o que significa se cuidar adequadamente. Posso dizer somente que a concentração na necessidade de se cuidar é tão importante quanto o cuidado que dispensa aos que ama. Só será a melhor mãe e esposa se for saudável e cuidar-se também. Cuidado para não cair na armadilha sem fim desses dois papéis que a exaurem e a fazem sentir-se culpada, caso faça algo que pareça beneficiar só você.

Seria muito bom se os cônjuges priorizassem sem esforço as necessidades, as vontades e os desejos do outro. Talvez você ache que como o faz para o marido, ele deveria ser capaz de fazê-lo por você. Entretanto, uma das razões de ser boa em prever as necessidades do homem é o fato de ele provavelmente deixá-la perceber quais são. Ele pode ser muito bom em conseguir um tempo livre, passar mais tempo no trabalho para terminar uma tarefa, exercitar-se, conseguir entradas para o jogo para se distrair, e assim por diante. O que ele pode não expressar tão bem é justamente no que os homens esperam que as esposas se dediquem mais: apreciação, gestos amáveis, etc. As necessidades que ele não for capaz de expressar podem ser as que você não pode oferecer. Será que há alguma ligação?

Que conselho daria à amiga?

Pense no que faria se estivesse aconselhando uma amiga. O que diria a ela se estivesse em seu lugar? Falaria que não há o que melhorar? Ou a aconselharia a fazer algo para cuidar-se mais?

Faça uma lista do que diria a sua amiga, caso ela estivesse em seu lugar.

As necessidades físicas e emocionais são as duas áreas a serem consideradas para que as mudanças positivas sejam possíveis no que se refere ao cuidado consigo mesmo.

Necessidades físicas

Em primeiro lugar, cuide das áreas mais importantes. Você come, dorme e se exercita adequadamente? Se tiver uma filha, aposto que se assegura de que ela faça três refeições por dia e de que durma o suficiente, a não ser que ela não queira dormir na hora em que você manda. É possível que esteja disposta a fazer tudo para que ela se exercite o suficiente. E quanto a você? O que faz para ter uma refeição adequada, um sono reparador e exercícios saudáveis?

Podemos reconhecer que nem sempre se consegue dormir o suficiente. No entanto, sempre há uma noite acordada com uma criança doente, um projeto de trabalho ou afazeres domésticos. Você se assegura de que, após a doença ou o projeto, terá uma ou duas noites de folga para dormir um pouco mais? Quem sabe seu marido acorde mais cedo para cuidar das crianças por um tempo até que você consiga se recuperar?

Necessidades emocionais

As necessidades físicas são mais fáceis de listar e mais comuns que as emocionais. Pense nas três necessidades emocionais mais importantes que gostaria que o marido satisfizesse. Amor? Companheirismo? Sexo? Seja o que for que estiver na lista, reflita sobre como gostaria exatamente que ele as satisfizesse. Pense na melhor forma de ele dar amor. Será que é uma mistura de toque físico com uma conversa amigável e agradável? Talvez se divertirem juntos? O que faz para que uma dessas situações seja possível? Não estou afirmando que elas dependem apenas de você, porém, se desejar mais da relação, deverá ser esperta para criar as oportunidades. Você tem tempo e espaço disponíveis para se divertir com seu marido, tocá-lo e ter uma conversa amigável sem interrupções? Se não tem, por quê?

O que diria se estivesse conversando com uma amiga que apresentasse os mesmos problemas? Não diria, em um piscar de olhos, para assumir o controle e arranjar uma babá para que você e seu marido descansem, saiam para se divertir e até viajem de férias, embora possa não ser a viagem dos sonhos porque no momento o dinheiro é pouco? Para ter as necessidades satisfeitas, é necessário muito mais do que apenas verbalizá-las. Crie um estilo de vida convidativo à satisfação dessas necessidades.

Às vezes, achamos que as pequenas necessidades não fazem muita diferença. Sou completamente a favor de grandes mudanças e um *insight* profundo sobre nós mesmos. Porém, aprendi que, muitas vezes, apenas dez minutos de silêncio rendem muito, pois trazem um pouco de tranquilidade ao dia. Um banho quente não fará diferença, porém certamente é um início. Quando há oportunidade para tal, a mente recarrega suas energias e se tornar mais perspicaz e criativa.

Paz, tranquilidade, calma, cuidados

O que vem à mente quando pensa nesses termos? Visualize uma imagem. Quais os passos necessários para incorporar mais desses elementos na sua vida? Analise as seguintes ideias:

1. Vá para a floresta. O escritor Henry David Thoreau comentou: "A maioria dos homens leva uma vida de desesperança." Ele foi para a floresta. Você pode fazer apenas uma caminhada, observar os pássaros, respirar profundamente. Estudos têm mostrado que exercícios regulares são mais eficazes que antidepressivos. Entretanto, se precisar deles, por favor, continue a usá-los e utilize a atividade como suplemento.

2. Anote o que adorava fazer na infância. Há uma grande chance de ainda sentir prazer em fazer essas atividades e poderá incorporá-las na vida atual.

3. Leveza, humor, alegria, riso. Todos estão ligados às defesas contra o câncer. Dr. Mehmet Oz aponta a importância dos

aspectos de viver para os efeitos antienvelhecimento e para uma saúde boa. Alugue vídeos engraçados, faça atividades divertidas sozinha ou com o marido, apenas por prazer. Desenvolva o senso de humor, assistindo a várias comédias e observando os estilos delas. Cultive amizade com pessoas alegres. Marque um encontro divertido, telefone e convide o amigo mais engraçado para o almoço. O cientista neurológico Lee Berk afirma que o riso é saudável. É possível baixar a pressão, reduzir os níveis hormonais do estresse, diminuir a dor, relaxar os músculos, aumentar a imunidade e o nível de endorfina.

4. Cerque-se de luz. Além de pessoas alegres, cerque-se de imagens mais brilhantes. Tire férias das notícias ruins e livre-se do negativismo visual. Olhe em volta da casa e doe ou venda o que a incomoda. Diminua as luzes da casa. De vez em quando, abra as persianas. Alguns médicos recomendam dez minutos de sol por dia.

5. Respire: pratique ioga, assistindo a um DVD ou fazendo as aulas.

6. Água: *Susan Ariel*, em seu site *Planet Sark*, recomenda que coloque as crianças debaixo d'água, se elas estiverem mal-humoradas. É um bom conselho para os adultos também. A água é relaxante, seja num banho quente, na praia, na piscina — comunitária ou de um amigo. Procure pelas propriedades relaxantes da água onde preferir.

7. Tire um tempo para fazer um lanche: a pressão sanguínea abaixa quando há um intervalo muito grande entre as refeições, o que causa fome e faz com que se coma demais. De acordo com a nutricionista Katherine Tallmadge: "A maior causa de se comer demais é porque se come de menos."

Pergunte ao seu médico ou nutricionista sobre comer para se sentir bem.

8. Roupas macias: quantas roupas suas são confortáveis e levantam seu astral? Você passa tempo demais usando roupas e sapatos desconfortáveis? Defenda-se e deixe o corpo com a sensação de que o ama. Provavelmente o faria com as crianças e outras pessoas que ame. Ame-se o suficiente para fazer o mesmo com você.

9. Cama: passamos um terço da vida na cama. Sempre me interessei em saber como os casais tratam o lugar onde passam a maior parte do tempo juntos. É um teste simples. Se as pessoas gastam pouco neste item e estão desconfortáveis na cama, normalmente não estão se cuidando o suficiente nem cuidando do parceiro. Os colchões devem ser trocados regularmente. O que você tem suporta bem seu peso? É um prazer dormir nele? Você acorda renovada? Compre lençóis macios e suaves e uma nova coleção de travesseiros.

10. *Gevonden*: nossos amigos holandeses, Henny e Marriette, são duas das pessoas mais calmas que conheço. Eles moram a pouca distância de bicicleta do coração de Amsterdã, e a vida deles é simples e cheia do que os holandeses chamam de *gevonden*, que se traduz basicamente em "pequenos prazeres". Estes são únicos para cada indivíduo, porém proporcionam os prazeres diários que tornam a vida doce. Em vez do estresse e da espera (pelas férias ou pela grande noite) para aproveitar a vida, os holandeses dedicam um tempo para saborear os prazeres pessoais. Um café expresso para ser bebido aos poucos, em vez de arrebatado no meio da multidão de um *Starbucks* e jogado fora no caminho para pegar o trem; um pedaço de chocolate amargo delicioso;

uma caminhada para um bar no meio de uma noite fria: esses são os prazeres da vida. Sentimo-nos bem quando a vida é marcada por *gevonden* e mais preparada para apreciar o cônjuge e a nós mesmos.

11. Presenteie-se com um dia de folga. Por um dia inteiro (ou mesmo metade de um dia), permita-se fazer exatamente o que quer e somente isso. Sem incumbências, nada para a família. Planeje o dia, peça para um parente ajudar com as crianças ou tome outras providências.

12. Exercite o cérebro. As crianças o fazem todos os dias. Aprender algo novo (fazendo palavras cruzadas ou montando um quebra-cabeça) é como uma ginástica mental. Um estudo mostrou que, após apenas duas semanas de exercícios para a memória e de quebra-cabeça, os participantes tiverem um desempenho melhor em testes orais e o cérebro usou menos energia enquanto pensavam.

13. Tire férias. Pesquisas mostram que se deve fugir de tudo, pelo menos uma vez no ano. Um estudo descobriu que as mulheres que não tiravam férias eram sete vezes mais propensas a ter um ataque cardíaco do que as que tiravam férias uma ou duas vezes por ano. O controle do estresse é crucial para a saúde do coração. Mesmo se os problemas financeiros forem um empecilho, pense em sair apenas por uma ou duas noites ou em férias econômicas como acampar em um parque nacional ou em um lugar aprazível. Pesquise as opções na internet ou troque ideias com os amigos para encontrar opções que a agradem. Ache uma forma de escapar e se desligar de tudo.

9

Corresponda ao amor do marido

Este livro até agora tratou principalmente de como fazer para assumir o controle e criar um casamento sólido. Durante todo o tempo, esbocei um plano que assegura que se der ao marido o que ele deseja, ele retribuirá. Tentei tranquilizá-la de que ele não ficará acostumado a receber as novidades e por isso cruzará os braços, sem fazer nada por você.

Agora, eis uma pergunta crucial. Como você reagirá à retribuição de seu marido? "Por favor, Gary", deve estar pensando, "eu adoraria." Acredito em você. Mas será que fará o que for preciso para motivá-lo a ser generoso com você, ou fará justamente o oposto? Bem, sei que não tentará consciente e propositalmente desencorajá-lo a ser amoroso. Entretanto, não significa que não acabará desencorajando-o. Durante muitos anos, ouvi exemplos comuns de homens que tentaram agradar as esposas, mas foram derrotados.

Você rejeita presentes?

Um homem compra uma joia para sua mulher. Ela não gosta muito e a troca na loja por outra. Lógico? Sem dúvida, se quiser que o marido pare de comprar joias para você.

O marido compra flores. Sua reação? "Da próxima vez, não gaste o dinheiro" ou "Compre uma planta em vez de flores, pois elas morrem" ou "Não gosto dessas flores, pois têm aquelas pontinhas marrons que mancham".

Um homem compra uma joia sofisticada para a esposa. Ela gosta, mas veio sem cartão de aniversário, ou então com um cartão apenas com os dizeres "Eu te amo". A esposa diz que preferiria não ter recebido a joia, mas sim um cartão com uma mensagem expressiva manuscrita, como fazia quando namoravam.

Você não gostou da joia-surpresa? Use-a orgulhosamente mesmo assim, especialmente se não for uma peça cara de acordo com seus padrões. Caso seja um presente muito caro, é provável que queira receber algo que realmente ame. Olhe as vitrines das lojas com ele. Mostre do que gosta para que ele saiba o que escolher. Se ainda estiver preocupada, escolha três peças diferentes e deixe que ele decida. Encontre o que ele possa dar para que você fique realmente feliz. Pense no quanto se sente bem quando o agrada de alguma forma. É importante que ele sinta o mesmo, senão ele não vencerá e deixará de tentar. Faça com que ele se sinta grandioso por ser generoso com você em qualquer nível. Os amantes devem ser generosos um com o outro o tempo todo e sentir prazer nisso.

Com essa atitude, ele apreciará ser generoso com você, pois a ama por você saber apreciá-lo e ser amável e se sente bem em vê-la ter prazer com a atitude dele. Ao se concentrar nos assuntos apresentados neste livro, você criará um relacionamento simbiótico entre a sua generosidade e a retribuição dele. Os homens adoram amar tanto quanto as mulheres e gostam de estar no meio de pessoas que os amam e os valorizam. Seja essa pessoa, e terá criado um casamento maravilhosamente sólido e protegido.

A história de Cheryl: nada para o aniversário dela

Com frequência, Cheryl reclamava que o marido nunca dava nada no aniversário dela ou no aniversário de casamento havia anos. Não importava quantas dicas desse e o quanto ficasse zangada por não receber nada, o marido não cedia. Isso espalhou-se para as outras áreas da vida conjugal. Em geral, Cheryl achava que o marido, Richard, era indiferente com ela, completamente centrado nele mesmo e aceitava cada sopro de emoção que ela dava sem retribuir muito.

No entanto, caso ouvisse Richard, pensaria que eles falavam de dois mundos completamente diferentes. Ele explicou que costumava comprar presentes para a esposa, porém sempre havia algo de errado. Normalmente, a reclamação não era de que não gostara do presente, mas de que gastara demais. Ambos trabalharam muito e economizaram durante muitos anos para se sentirem financeiramente estáveis o suficiente para ter filhos e comprar uma casa. Quer trouxesse flores ou joias, Richard sempre recebia a mesma reação: "Que amável; nunca mais faça isso." Após alguns anos recebendo tal mensagem, Richard parou de dar presentes, apenas dava cartões. Comprava um cartão divertido, um sério e um extra por precaução. Cheryl achava aquela tradição também desnecessária. Não demorou muito para seu marido apenas levá-la para jantar fora com as crianças e comer um bolo em casa em uma pequena comemoração.

Não parou por aí. Richard amava muito a esposa, mas achava que ela nunca se cuidaria. Engordara bastante e nunca tinha tempo para fazer ginástica. Ele se ofereceu para pagar as aulas, mas ela recusou categoricamente. Estava ocupada demais criando os dois filhos pequenos, enquanto Richard trabalhava mais do que nunca porque decidiram que Cheryl largaria o emprego quando nasceu o segundo filho. Richard queria tirar férias com a esposa e deixar as crianças com a mãe dele, que estava disposta a vir à cidade para ajudar, se necessário. Porém Cheryl insistia em dizer que não tinham esperado tanto tempo e se esforçado para ter os filhos para agora deixá-los em casa e se divertir. Haveria bastante tempo para isso depois. Da forma como Richard falava, era uma hipótese bastante questionável.

Após um pouco mais de análise, Cheryl estava disposta a olhar com mais empenho a responsabilidade dela nessa questão. O que fazia com que ela dispensasse o marido e as tentativas dele de ser generoso?

Cheryl estava disposta a refletir sobre suas vozes.

Voz da infância: Cheryl descreveu a mãe como uma mulher maravilhosa e generosa. Era incrivelmente enérgica com os oito filhos. Nunca pôde arcar com as despesas de uma empregada, portanto era responsável por todo o trabalho da casa. Algumas das memórias favoritas da infância de Cheryl incluíam acordar às 3h da manhã e encontrar a mãe passando roupas. Cheryl ficava encantada por conversar com ela por uma hora ou mais antes de voltar para a cama, enquanto a mãe continuava com as tarefas. A mãe acordava alegre, cumprimentando todos logo que entravam na cozinha sentindo o cheiro gostoso de ovos e panquecas feitos com amor. Ela ajudava nos deveres de casa, levava todos ao médico, passava loção nas costas para as queimaduras de sol, planejava os aniversários e feriados em família. Era realmente uma mulher incrível.

No entanto, como tudo que parece perfeito, não era exatamente assim. Havia tensão na casa. A mãe e o pai brigavam furiosamente e, embora nunca tivessem se divorciado, Cheryl não se convencera de que eles agiram bem ficando juntos. A mãe reclamava do pai por ele não ganhar bem, e sua saúde era sempre muito frágil, desde que Cheryl se recordava. Ficou diabética e nunca cuidou de si. Faleceu com 62 anos sem conhecer os netos, sofrendo durante anos até a morte.

Voz da sociedade: Cheryl e Richard moravam em uma comunidade que incentivava os casais a terem filhos. As famílias da vizinhança reuniam-se regularmente aos domingos e faziam um churrasco e outros eventos familiares. Cheryl achava que a maioria das mães era igual a ela, generosa e presente. Todas trabalhavam muito e não tiravam férias longas.

Voz do lar: Cheryl sabia que, embora os filhos quisessem que ela fosse feliz, não ficariam contentes em vê-la sumir por alguns dias e deixar de se envolver nos aspectos diários da vida deles. Não achava que os filhos se importariam se recebesse joias do marido, mas imaginou que provavelmente se sentiriam felizes em vê-la receber presentes no aniversário, da mesma maneira que eles ficavam no aniversário deles.

Mudança de insight: Cheryl imediatamente reconheceu que havia se transformado na mãe dela. Sempre achara isso uma mudança boa, mas esqueceu que esse modelo exemplar não incluía um casamento feliz. Virou um tipo de mártir e, nesse papel, recusava a aproximação do marido por meio da generosidade e da gentileza. Criou um ambiente no qual era generosa para, em seguida, ficar zangada com o marido por não ser ainda mais generoso. Era uma excelente mãe, porém nunca aprendeu que parte de ser uma mãe exemplar envolvia dar aos filhos o exemplo de um casamento bem-sucedido e pais amorosos, além de uma mãe que merecia ser cuidada tanto quanto cuidava dos outros.

Fórmula de Identificação da Voz Interior: Cheryl

Cheryl achava que o marido era indiferente e despreocupado. Ele acreditava que não tinha permissão para amar a esposa.

Voz da infância:
A mãe de Cheryl era uma supermãe, abnegada, mas sempre reclamava do marido.
Resultado: Cheryl achava que não podia receber carinho e atenção. Achava que era mais importante dar.

Voz da sociedade:
A comunidade era centrada nos filhos, embora as famílias saíssem de férias.
Resultado: Todos os esforços devem ser direcionados para as atividades relacionadas aos filhos.

Voz do lar:
Os filhos estavam felizes porque a mãe cuidava deles. Não se importavam se a mãe tinha joias ou não.
Resultado: Concentre-se nos filhos.

Mudança de insight: a Fórmula de Identificação da Voz Interior de Cheryl dizia que ela havia se tornado igual à mãe e ouvia a voz dela claramente. Também admitiu que os amigos tiravam férias e aproveitavam os casamentos. Estava determinada a ativar a voz da sociedade, a se permitir aproveitar o casamento e a aceitar os prazeres dele.

Cheryl ouvia a voz da mãe, quer percebesse ou não, e a voz dizia para evitar a bondade do marido, manter distância e continuar a ser uma mãe fenomenal.

Quanto à voz da sociedade, Cheryl mudou de opinião sobre as amigas e decidiu que elas apoiariam uma voz que dizia para se cuidar melhor e permitir que o marido fosse mais generoso.

Cheryl percebeu que sua voz final — da infância e do lar — não apoiava a decisão de cuidar de si e receber amor do marido. Os filhos haviam sido doutrinados desde cedo a acreditar que a mãe estaria sempre presente e completamente dedicada a eles. Seria necessário reeducá-los a se acostumarem à ideia da mãe e do pai passarem tempo juntos a sós ou longe deles.

Ela percebeu que a nova voz tinha de estar bem mais sintonizada com a voz da sociedade. As amigas eram boas mães e, mesmo assim, conseguiam cuidar de si e ser cuidadas pelos maridos. Cheryl tinha de se concentrar para não cair na armadilha de ser uma mãe mártir e agradar os filhos a toda hora. Precisava reconhecer que merecia mais do que se permitia receber. Sempre acreditou que a morte prematura da mãe fora trágica, pois ela teria gostado de viver mais e divertir-se com os netos. Quando criança, Cheryl não teria achado ruim se a mãe tivesse dado menos e se cuidado mais. Remontando ao passado, Cheryl desejava que o relacionamento entre o pai e a mãe fosse melhor.

As amigas de Cheryl eram pessoas racionais e boas e agora poderia usá-las como mentoras para encontrar o caminho por meio dessa mudança.

A noite do encontro

Esta sugestão foi mencionada anteriormente de passagem e vale a pena revê-la. Determine uma noite semanal para ter um encontro, durante o qual você e seu marido possam passar no mínimo duas horas a sós. Não saiam com outro casal. Se necessário, encontrem-se com eles duas horas após estarem a sós, para uns drinques e a sobremesa. Toda semana, use a mesma noite para um encontro. Portanto, contrate uma babá para essas ocasiões, mesmo que não saiam. É claro que se sentirá incentivada a sair independentemente do cansaço.

As regras simples para essa noite de encontro? Converse sobre tudo menos três assuntos: dinheiro, negócios e filhos, e evitem as duas atividades mais populares: cinema e jantar. O jantar é um contexto de pressão muito alta, no qual ficamos frente a frente durante uma hora ou mais e temos de encantar um ao outro com diálogos. Quantos conseguem falar sobre filosofia e fofocas por horas, sem se ver voltando aos assuntos estressantes da vida? Francamente, não sou tão fascinante, embora tenha a sorte de ter uma mulher que seja, portanto, posso sempre esperar dela assuntos interessantes e opiniões polêmicas para compartilharmos. Entretanto, para a maioria, passear no shopping, visitar uma livraria com um cafezinho depois, passear tranquilamente de bicicleta, ouvir jazz ou outro gênero de música em um bar servem de trampolim para conversas e simples divertimento. Ir ao cinema de vez em quando não tem problema, mas, com regularidade, torna-se um meio sem esforço do casal escolher a saída mais fácil, resultando em pouca interação sobre o tema do filme.

A noite do encontro tem de ser sagrada, o que significa que ninguém fará outros planos sem a permissão do outro. Naturalmente, se não conseguir sair na noite designada, mantenha a regularidade, saindo em outra noite da mesma semana. Não a deixe escapar, porque é muito fácil deixar de se valorizarem.

Lembre-se de se divertir. O que quer que faça você e seu marido se apreciarem, vocês devem aproveitar esse encontro juntos, toda semana. De outra forma, perde-se esse lado. A vida pode sugá-la de nós. É espantoso quando analisamos que uma criança ri mais de trezentas vezes por dia, enquanto o adulto, apenas seis a 17 vezes no mesmo período. Fica difícil acreditar nessa estatística, porém seja qual for o caso, paramos de rir muito à medida que envelhecemos. A melhor forma de fazer o marido gargalhar é você mesma fazê-lo rir. Ele vai querer sair com você mais vezes.

Não se preocupe se seu marido planejar a noite do encontro. Verdade seja dita, a maioria das esposas é quem organiza o calendário social e pode rapidamente ficar cansada de sempre ter de planejar a noite especial também. Não há nada de errado em querer que o marido se esforce um pouco para uma noitada aqui ou ali. No entanto, é melhor conversar sobre a noite especial no fim de semana, enquanto leem os jornais para encontrar um evento interessante de que ambos possam gostar, e perguntar em voz alta o que ele gostaria de fazer na próxima noite de encontro. Dessa forma, sentirão que estão planejando juntos. Logo que a noite de encontro se tornar um acontecimento regular, ele começará a falar sobre o que gostaria de fazer e ajudará a reservar os ingressos ou a tomar as providências necessárias. Apenas dê um tempo e, quanto mais divertimento tiverem juntos, mais ele desejará se envolver.

O contato constante

Nos anos 1950, Harry Harlow fez um estudo com macacos recém-nascidos que revelou algo poderoso sobre o contato. Os macaquinhos recebiam duas mães postiças. Uma era feita de fios de aço e continha uma fonte inesgotável de leite; a outra era feita com fios de aço, porém envolvida com um tecido felpudo e quente, mas não tinha qualquer fonte de nutrição. Os macaquinhos ficavam mais tempo com as mães macias mesmo sem comida, chegando bem próximo da inanição como resultado da escolha.

O estudo provou a importância do contato caloroso entre mãe e filho. Aprendemos também algo sobre cada um de nós. Desejamos muito tocar e ser tocados. Os homens, assim como as mulheres, querem ser amados por meio do contato, e um contato amoroso rápido é, às vezes, a maneira mais simples, rápida e eficaz de se relacionar e proporcionar um momento de amor. Toque mais seu marido, fique mais perto dele, seja mais liberal com os beijos e abraços. Crie um ambiente no qual o foco no amor nunca seja esquecido e seja facilmente apoiado por gestos físicos simples e amorosos.

PROGRAMA DE AÇÃO RÁPIDA

Passo sete: encontre tempo para amar

Aprendemos que o casal típico dedica apenas 12 minutos por dia para conversar, o que não favorece um relacionamento amoroso e íntimo. Para aumentar o tempo juntos, adote essas medidas rápidas:

1. Estabeleça quatro períodos de 45 minutos por semana de tempo ininterrupto com o cônjuge. Essa é uma hora para relaxar. Analise as opções:
   - Ler um para o outro.
   - Acariciar enquanto conversam.
   - Caminhar sem pressa.
   - Fazer amor.
   - Compartilhar lanches e bebidas.
   - Jogar cartas e outros jogos.
   - Procurar juntos assuntos engraçados na internet ou então possíveis locais para passar as férias.
   - Evitar assistir à TV só por assistir.

2. Faça o encontro semanal, que é:
   - Na mesma noite todas as semanas.
   - No mínimo de duas horas a sós.
   - Cheio de conversa sobre qualquer assunto menos dinheiro, negócios ou filhos.
   - Uma saída para fazer qualquer atividade, menos ir ao cinema ou jantar.
   - Focar na diversão e no prazer.

3. Cuidado com os filhos:
   - Se os filhos não dormem na hora certa, pense em mais atividades físicas rigorosas antes da hora de dormir de modo que estejam exaustos quando chegar o momento.

- Crie uma política de "a noite termina às 9h". Após essa hora, os pais devem fechar a porta do quarto. Não dê mesada, nem reveja o dever de casa, nem corrija os testes após esse horário.

4. Esteja ciente das atividades extracurriculares e o quanto são desgastantes:
   - Escolha atividades perto de casa.
   - Coloque as crianças nas mesmas atividades.
   - Esclareça, desde o início, as expectativas de presença nas atividades.

5. Contato constante:
   - Estabeleça contato físico amorosamente com seu marido cinco vezes por dia.

EPÍLOGO

O que aprendemos sobre como fazer

Uma das regras principais da terapia de casais é nunca deixar que um ache que a culpa é só do outro. Ninguém gosta de ficar com a culpa e ninguém quer investir no casamento sozinho. Então, por que escrevi um livro dirigido às mulheres informando o que fazer para mudar o casamento delas? Simplesmente porque funciona.

Este livro não teve como tema a culpa. Não teve o propósito de atribuí-la única e exclusivamente a você para que arcasse com a responsabilidade da mudança. Não dei desculpas nem justificativas para a traição e nunca quis culpar a vítima. O que fiz foi sugerir mudanças boas e sólidas. Assuma o comando para realizá-las e seu marido corresponderá da mesma forma. Quis descobrir onde concentrar as energias para criar um casamento amoroso, significativo e protegido.

Já lemos ou ouvimos falar sobre o famoso livro *O Segredo* e o poder que os indivíduos têm de influenciar outros. Acredite que as sugestões feitas aqui podem fazer a diferença. Permita-se visualizar como deseja que seu marido se comporte. Comece a imaginar como suas tentativas de mudança provocarão melhorias positivas e amorosas na maneira com que ele a trata. Mostre como deseja ser amada.

Às vezes, nos esquecemos de que o casamento é composto de duas pessoas que *querem* estar apaixonadas. O cônjuge não se opõe à ideia de mais amor. Entretanto, abandonamos o foco na vida conjugal tão rapidamente que perdemos a fé de que a união trará o prazer e a alegria com a qual sonhamos. Volte a enxergar o marido como seu cúmplice. Ele quer amar e ser amado por você. Ele quer lhe dar prazer e acreditar que a esposa o acha o máximo. Dessa forma, ele reconhecerá o quanto você mudou, ficará encantado e desejará saber o que fazer para você.

A primeira vez que falei sobre os resultados da pesquisa e sobre algumas de minhas sugestões foi para um público exclusivamente feminino. Tratava-se de um encontro de uma semana em uma conferência e decidi que queria primeiro compartilhá-los somente com as mulheres. Muitos homens ficaram muito nervosos antes da palestra e se aproximaram de mim tentando descobrir o que estava por vir. Por vários dias após a palestra, pelo menos cinquenta maridos se encontraram comigo e disseram: "Não sei o que disse, mas a mudança é inacreditável." A mistura de alegria e surpresa prova que eles querem desfrutar o casamento e ficar mais próximos das esposas. Muitas mulheres me procuraram antes do final da semana da conferência para confirmar que os maridos estavam amando-as como nunca haviam imaginado. Em poucos dias, as pessoas começaram a contar experiências maravilhosas.

Meu objetivo foi esclarecer onde se deve concentrar a maior parte da energia. Aprendemos que é possível que os quatro pontos cruciais a seguir se apliquem a seu marido.

1. A valorização e os gestos carinhosos e atenciosos significam muito para ele.

2. A frequência sexual é o ponto mais importante para que ele fique sexualmente satisfeito.

3. O envolvimento com os amigos íntimos, com o local de trabalho e os passatempos dele é um excelente plano.

4. Dedicar um tempo para se recarregar e ter o espaço mental e emocional para concentrar-se no casamento.

É óbvio que abordei outros assuntos neste livro. Entretanto, se não perder de vista esses quatro pontos principais, você manterá o foco nos comportamentos que mais provavelmente a conduzirão a um casamento maravilhoso.

Algumas mulheres não sabem mais o que fazer e pensam no divórcio. Essa atitude, especialmente se tiver filhos, causará momentos de muita mágoa, durante os quais não desejará ter qualquer arrependimento, mas sim a certeza de que fez tudo que era razoável para salvar o casamento e torná-lo sólido. Portanto, conforme descrevi neste livro, concentre os esforços no lugar certo e, na pior das hipóteses, provará que não consegue de jeito nenhum fazer o casamento dar certo sozinha. Ainda assim sairá lucrando, ganhando a paz de espírito de saber que fez o possível. Se o casamento está sofrendo, sugiro que além de ler meu livro faça terapia para casais (ver apêndice A). Novamente, mesmo que não dê certo, você precisa saber lá no fundo da alma que realmente tentou. Somente assim poderá passar por alguns dos desafios emocionais que ainda podem estar à sua frente.

A toda a esposa que vem a meu consultório digo que, embora possa vir a questioná-la, não estou sugerindo que ela seja o problema principal. Mas por ser a única pessoa ali presente, sei que é possível fazer mudanças. Ajudarei quaisquer dos cônjuges que comparecerem a meu consultório. Falar sobre o que a pessoa ausente necessita fazer é intelectualmente interessante, mas não vale a pena analisar. O que tenho visto é que quando a mulher que me procura assume a responsabilidade de alterar a situação, respondendo de forma diferente, o marido inevitavelmente fará mudanças semelhantes. Mudanças trazem mudanças. Com frequência, quando um cônjuge inicia as modificações, o outro acompanha. Logo ele se unirá a você para realizá-las em vez de você ter de insistir com ele para que mude.

Obviamente não há garantias. Uma pequena porcentagem de homens trairá independentemente do que as esposas façam e, nesse caso, a atitude a tomar dependerá da escolha pessoal. Há também homens grosseiros, mentalmente perturbados e viciados que sentem apenas desprezo pelas mulheres e estas devem se proteger deles.

Mas há grande probabilidade de que seu marido se enquadre na categoria mais comum, a saber, a de um marido que quer amar e ser amado. Em um curto espaço de tempo, podem ocorrer grandes mudanças. Apenas siga as sugestões, e a persistência de seu foco fará surgir uma nova mensagem no casamento que diz: "Nossa relação é prioritária. Nós a tornaremos amorosa, protegida e divertida."

APÊNDICE A

A terapia ajuda?

Uma amiga, que chamarei de Maria, descobriu em uma carta na pasta do marido, Rolf, que ele traía. Ele negava, mas finalmente teve de admitir diante da evidência. A sugestão de Rolf para fazerem terapia foi terminantemente recusada por Maria. Ela me disse: "Era óbvio que ele precisava de ajuda. Foi ele que quebrou a promessa. Por que eu deveria fazer terapia?"

Rolf se consultou com um terapeuta sozinho por seis sessões, e depois pediu à Maria que o acompanhasse, mas ainda assim ela se recusou. Contou a minha esposa e a mim que não percebera um remorso sincero por parte do marido e não estava disposta a ouvir que tinha de "entender" a posição dele e os problemas no casamento que o levaram a trair.

Claramente, Maria acreditava que a terapia de casais tinha um plano preestabelecido que incluía explicar a traição como um dos sintomas de um casamento malsucedido. O ponto de vista dela era válido. Embora a traição possa ser um sintoma, não deixa de ser algo errado e merece uma atenção especial na terapia, sem ser desculpada ou descartada. No entanto, a reação de Maria a fez perceber a oportunidade de resolver os problemas conjugais. Não me surpreendi quando mais tarde me contou que se divorciara.

Como psicoterapeuta, sou cercado por tantos discursos psicológicos que não consigo imaginar um mundo sem toneladas de terapia. Sinceramente, houve uma época em que achava que qualquer terapia era melhor que nenhuma. Aprendi que estava errado e corrigi minha atitude para acreditar que a terapia boa não prejudica ninguém. A terapia de casais é a mais difícil de todas, pois tem de se ter em mente que quando um casal procura o terapeuta é porque o casamento está por um fio. É como se cada cônjuge dissesse "Eu não sei mais o que fazer. Tudo que ele faz me aborrece, a forma como se alimenta, o modo como fala, a maneira como dorme, aquela constante inspiração e expiração. Não aguento mais". Naturalmente, nessa hora, o terapeuta deveria jogar um pouco de pó mágico (já ouvi falar de um terapeuta progressista que faz exatamente isso). E, em apenas cinquenta minutos de sessão ou em uma sessão dupla, todos se entenderiam melhor e, em apenas uma hora das 168 horas da semana, tudo estaria resolvido. Nesse ponto, não há como o casamento estagnar; ou sobe ou desce. Acrescente traição à mistura e terá ainda mais hostilidade e acusações ilimitadas.

A terapia é complicada desde o primeiro momento. Tanto que somente aceito tratar o caso se houver disposição do casal de reservar muitas horas nas primeiras semanas e, às vezes, até metade de um dia ou dias inteiros. Tive as mais maravilhosas experiências ajudando casais infelizes e fazendo-os provarem para si mesmos que podiam resolver os problemas.

No entanto, como em termos psicológicos não há uma única forma de fazer, resta cogitar o que o mundo real pensa. Quantos casais procuram ajuda e quantos são realmente ajudados? Há pessoas que perguntam ao terapeuta sobre a porcentagem de sucesso, como se ele mantivesse uma estatística. Ainda hei de encontrar um que responda com algo como: "Puxa vida! Prejudico muito mais do que consigo ajudar." Mudei de ideia sobre a terapia porque ouvi falar de casais que a usavam como última alternativa antes do divórcio. Se não tivessem ido a um terapeuta, às vezes, poderiam ter ficado juntos sabendo que ainda não tinham tentado tudo.

Nenhuma terapia

Durante a pesquisa, precisei repensar minha posição por completo. Não conseguia acreditar no que havia aprendido sobre os homens infiéis e a terapia. É possível que esteja pensando que quase todos os homens infiéis fariam algum tipo de acompanhamento psicológico. De jeito nenhum. Oitenta e três por cento dos homens infiéis nunca fizeram qualquer tipo de terapia. O que aconteceu? A grande maioria nunca conversou seriamente a respeito do assunto. Com todos os debates sobre as opções disponíveis, é desconcertante descobrir que a terapia não era uma delas. Dos homens que nunca fizeram terapia, 70 por cento nunca conversaram a respeito. Infelizmente, 23 por cento dos maridos reportaram haver decidido ir ao terapeuta, mas as esposas se negaram a ir junto. Apenas sete por cento das vezes as esposas é que haviam decidido ir e os maridos recusaram. Será porque os terapeutas têm uma péssima reputação em ajudar casamentos e em lidar com a infidelidade, ou porque os casais estão tão desolados e afundados na raiva que não conseguem subir à tona para respirar o suficiente e considerar como uma verdadeira possibilidade? Pelos meus estudos, certamente não é possível afirmar que era por causa do fracasso do terapeuta, pois a grande maioria nem tentou.

E que tal os 17 por cento que fazem terapia? Destes, dez por cento fizeram terapia durante menos de três sessões; seis por cento fizeram de três a dez sessões e, infelizmente, apenas um por cento fez mais do que dez sessões. Trinta e um por cento, dos homens acharam que as sessões ajudavam, enquanto 69 por cento as achavam, em geral, improdutivas. Entretanto, com apenas 7 por cento comparecendo às sessões mais de três vezes, não pode ser a terapia a responsável pelas falhas nesses casos.

É possível argumentar que a terapia, em geral, não ajuda um número suficiente de pessoas e, portanto, estas não a levam em consideração. O que sei é que se quiser proteger o casamento, e o marido sugere fazer terapia, você deve ir com ele. Não tenha o mesmo medo de Maria de ser rotulada de culpada. Se acontecer, diga ao terapeuta que você acha que ele ou ela fazem a traição parecer justificável. Mas vá em frente e se esforce para criar um casamento sólido. Não estou necessariamente dizendo para consultar um terapeuta somente após o marido trair. A qualquer hora, acompanhe o marido na terapia, se ele assim pedir. Evitar seria perder uma tentativa genuína de tornar o casamento melhor, puro e simples, quer acredite em terapia ou não.

Muitas pessoas já me disseram que não gostam ou não acreditam em terapia. Gosto de ouvir essa opinião porque então posso refletir sobre as preocupações delas. Às vezes, acham que a terapia não é construtiva, pois o terapeuta apenas escuta e, essencialmente, concorda com todos. Às vezes, acham que ele arrasta o processo quando querem ter um prazo final para uma solução parcial ou total. Ao compartilhar essas e outras preocupações com o terapeuta, você o ajuda a desenvolver um plano de acordo com suas necessidades. Muitas vezes, peço que o casal dê uma chance de três meses à terapia intensiva antes de tomar a decisão de ficarem juntos ou não. Caso contrário, fico preocupado que a vida deles seja como viver em uma panela de pressão, revendo os eventos e ponderando se devem ficar juntos baseados em determinado dia. A mensagem é que há um mundo de pessoas treinadas para ajudar casamentos que certamente não resistirão, se 93 por cento não forem à terapia ou desistirem em menos de três sessões.

Descobri uma estatística muito interessante realizada com os maridos fiéis sobre o mesmo assunto: terapia. Mais homens fiéis fizeram terapia que os infiéis. Dos homens fiéis que disseram ter problemas conjugais em algum momento (uma grande porcentagem do grupo reportou que não recorreu ao terapeuta porque o casamento era bom o suficiente), 25 por cento fizeram terapia, comparado a 17 por cento no grupo de homens infiéis. Mais impressionante é que dessa população de homens fiéis que fizeram terapia, 56 por cento achavam que as sessões ajudavam e apenas 44 por cento as achavam, em geral, improdutivas, o que corresponde a um aumento de 25 por cento de homens fiéis achando que a terapia ajuda, comparado com os homens infiéis. Quarenta e quatro por cento dos homens fiéis nunca pensaram seriamente em terapia, bem abaixo dos setenta por cento dos homens infiéis.

Poderíamos afirmar que, por fazerem terapia mesmo quando não havia traição, os homens fiéis achavam que ela havia ajudado mais e que, provavelmente, contribuíra para que continuassem fiéis. Fazer terapia quando se acredita que há algo errado no casamento é muito mais um ganho do que uma perda em potencial. Não espere até a situação ficar deplorável, só porque acha que terapia é para malucos e problemas peculiares. Lembre-se também de que terapeutas não são curandeiros que podem olhar dentro de você ou fazê-la revelar o que não quiser.

Faça a terapia de casais dar certo

As pessoas acham que há terapeutas especializados em assuntos conjugais ou em ajudar casais a se recuperarem após a infidelidade. Esteja ciente do que você necessita. Muitas vezes, os terapeutas se consideram especialistas em algum assunto se tiverem muita experiência na área, o que envolve uma grande gama de definições. Em algumas regiões dos Estados Unidos, há títulos acadêmicos para um terapeuta familiar e conjugal, que, em geral, significa apenas uma pequena alteração no currículo com inclusão de poucos cursos extra curriculares. Mesmo assim, indica que o terapeuta de casais desenvolve mais trabalhos no curso do que os outros (embora este não tenha sido o caso de minha graduação, portanto não estou me vangloriando).

O que significam todas aquelas letras após o nome da pessoa?*

Há doutores em psicologia que ostentam as iniciais Ph.D. ou PsyD. Há também os psiquiatras, os únicos mencionados aqui que podem prescrever medicação, pois são *MDs* (doutores em medicina) especialistas em cérebro humano. Esteja ciente de que muitos psiquiatras podem ter tido apenas treinamento mínimo em terapia de casais. Você terá de perguntar especificamente se são treinados nessa área. Depois, há os graduados de cada estado, os mais reconhecidos sendo *LCSW* (assistente social clínico licenciado), como também uma variação de *LMFT* (terapeuta de casais e de família licenciado) e *LMHC* (terapeuta licenciado em saúde mental). Todas essas graduações constituem os treinamentos apropriados para ajudar você e o cônjuge a criarem um casamento melhor.

Tenha cuidado com uma orientação psicológica inadequada, com terapeutas que usam as técnicas da Nova Era. Eles podem fazê-la se sentir desconfortável ou, então, proceder de forma antiética (ouvi falar de um terapeuta que pediu ao paciente para pintar a casa dele como parte da terapia). Se não parecer o certo e não for o normal, não é o correto para você.

---

* As siglas utilizadas pelo autor no parágrafo seguinte não possuem correlação no Brasil, sendo específicos da realidade norte-americana. (*N. da E.*)

Peça referências

Normalmente, as melhores referências vêm de pessoas conhecidas. A ideal seria de um casal com quem tenha intimidade e saiba que já passou por problemas semelhantes e foi ajudado pela terapia. Seu médico seria outra. A sogra? Só se for muito íntima.

Faça as perguntas certas

Ao conversar por telefone ou pessoalmente com o terapeuta, pergunte tudo que possa ajudá-la a se sentir mais confortável. Porém, no intuito de achar o terapeuta que melhor convém desde o início, não forneça a resposta com a pergunta. Muitas pessoas sem perceberem dizem ao terapeuta como querem que ele responda às suas questões. Como o terapeuta é um ouvinte bem treinado, ele a fará se sentir à vontade, dando as respostas e o apoio de que necessita. Mas, no início, você precisa descobrir como o terapeuta trabalha e se você se sentirá confortável. Portanto, ao perguntar "Como você trata a infidelidade? Quero dizer, não quero alguém que venha com a desculpa de que aconteceu porque o casamento ia mal" ou "Você não acha que se ele foi infiel deveria perder parte da liberdade? Senão, como posso voltar a confiar nele?" Nesses casos, o terapeuta está sendo informado de como deve responder. Ele responderá com algo que a assegure de que a infidelidade é errada e precisa ser tratada. Você poderia se surpreender, se seu marido ligasse e dissesse algo como "Você está se concentrando apenas na infidelidade? Afinal, preciso de alguém que nos ajude a chegar à raiz dos problemas conjugais e a minha infidelidade, não é?" O mesmo terapeuta poderá dar menos ênfase à questão da traição porque é isso que o marido quer ouvir. Descobrir na quarta ou na quinta sessão que o terapeuta não está em sintonia com você e que não está tão sensível aos seus problemas como você esperava, certamente, não é o que deseja. Os exemplos que dei aqui foram todos sobre infidelidade, mas quando consultar o profissional, mesmo sem problemas de infidelidade, pode ser ainda mais confuso saber como ele trabalha. Não estou sugerindo que tenha de controlar a terapia. No entanto, deve sentir a química certa para a relação com o terapeuta funcionar. O melhor seria simplesmente fazer as perguntas e ouvir atentamente as respostas sem deixá-lo saber como se sente em relação ao assunto. Esse método pode economizar muito tempo e ainda evitar que fique frustrada por achar que ele está mudando de orientação no meio da terapia.

Crie metas

O mais importante é conseguir clareza desde o primeiro dia. De que maneira o terapeuta a ajudará? Quanto tempo ele estima que seja necessário para que vejam uma real melhora? É possível que o terapeuta precise de uma ou duas sessões antes de poder responder a essas perguntas, porém se sentirá bem melhor se conhecer a direção que será tomada. Esse profissional oferecerá atividades e métodos claros que a ajudarão a resolver seu problema? Disponibilizará o tempo necessário para falar sobre as discussões que têm e ensinará a ambos como lidar com elas?

A primeira sessão

Em geral, sempre que um casal quer começar a fazer terapia, aconselho que os dois venham à primeira sessão e, normalmente, exijo que seja uma sessão dupla. Não quero apenas que o casal compartilhe comigo, mas que também tenha a oportunidade de ouvir o que acho que posso fazer para ajudá-los. Se apenas um cônjuge vem à primeira sessão, descubro que o outro cônjuge, quando vem, sente como se minha objetividade já tivesse sido influenciada. Não deixarei de atender o cônjuge se o outro se recusar a vir, mas aviso que é possível que a terapia de casais fique comprometida. Peço também para que tenham uma sessão individual após a primeira, para que cada um possa conversar comigo abertamente sem restrições, o que também me dá a oportunidade de explorar as vozes internas das quais tratei no livro. Espero ajudar o casal a reconhecer que comete erros dos quais não está ciente por nunca ter explorado algumas das vozes. Além disso, na primeira sessão, crio um ambiente de diplomacia para que o casal saia da sessão com esperança e não com raiva porque tudo piorou.

Terapeutas de casais têm de estar em ótima forma, dispostos a assumir o controle e a conduzir o casamento para uma mudança positiva. Se você sair da primeira sessão zangada, fora de controle e sem direção, não desperdice tempo, procure outro profissional imediatamente. O casamento não aguenta passar por sessões de uma terapia errada. Encontre um terapeuta mais adequado rapidamente. Ao encontrar um que seja excelente, deverá sair da primeira sessão esperançosa. É isso o que está procurando.

APÊNDICE B

Cicatrize a ferida

Aprendemos o que você pode fazer para ter um ótimo casamento e evitar que seu marido tenha um caso extraconjugal. Até ler este livro, talvez já tenha passado pelas consequências terríveis da traição. Embora haja livros dedicados especificamente a como desenvolver um bom casamento após a dor da infidelidade, descreverei os aspectos absolutamente indispensáveis que você e seu cônjuge devem analisar.

Diferentemente da maior parte deste livro em que me dirigi às mulheres, explicando como fazer para liderar o caminho para um casamento significativo, dirijo-me agora ao casal para acrescentar que não haverá cicatrização após a infidelidade se o infiel não se envolver no processo. As chances de o marido trair novamente oscilarão nesse momento, dependendo do quanto ele se envolver para fazer o casamento dar certo. Se ele apenas se desculpar, culpar a crise da meia-idade e seguir em frente, tome cuidado. Esta é uma situação tenebrosa para você. E piorará ainda mais, caso ele nem considere a infidelidade algo tão ruim e a justifique afirmando que a traição é inerente à natureza masculina ou que ela foi inevitável por causa do descontentamento com você. Será que dei a entender que é impossível recuperar o casamento e ter um marido que não trairá novamente? Nada é impossível! Apenas não gostaria de estar casado com ele, e nem você.

Peço o divórcio ou fico?

Assegure-se do seguinte: só você e seus filhos têm de arcar com as consequências de tal decisão. Nem seus pais, nem os amigos. Só você pode decidir ficar ou partir. E ninguém deve julgá-la. Se quiser continuar em um casamento no qual não se sinta segura o suficiente após a traição, ainda assim tem o direito de permanecer nele. Pode ainda dar um tempo para tentar melhorá-lo "para o bem das crianças". No entanto, não tente se convencer de que está tudo bem e maravilhoso quando não está. Não coloque o coração e a alma em uma posição vulnerável, a não ser que esteja certa de que houve mudanças expressivas. Poderá permanecer no casamento pelo tempo que quiser. No entanto, fará uma escolha emocional muito errada caso seu marido não tenha dado sinais de que pode voltar a confiar nele. Use a Fórmula de Identificação da Voz Interior para ter um insight imediatamente. Não é minha intenção pressioná-la para que faça tudo que está descrito neste livro e para que se comprometa com a mudança, se seu marido for abusivo ou estiver traindo no momento. Cuide-se (e dos filhos, se os tiver), marque uma consulta com um terapeuta. Você merece cuidar de si.

Sugiro a todas as mulheres cujo marido é infiel a procurar ajuda profissional. A instabilidade emocional causada pela infidelidade dificulta a discussão sobre a traição de forma apropriada pelos cônjuges, assim como a continuação da relação sem a ajuda de uma terceira pessoa objetiva e treinada. Por favor, não use as orientações a seguir como uma alternativa para a psicoterapia, mas como uma ajuda a mais para recriar o relacionamento.

Há dois componentes principais que devem estar presentes para a cicatrização do casamento após um caso de infidelidade.

1. *Um cônjuge arrependido*. Se o cônjuge infiel não reconhecer o erro, não há muito sentido em continuar. Como o cônjuge traído conseguirá se abrir emocionalmente e ficar vulnerável a uma companheira se não acha que fez algo errado? Às vezes, é possível que ele diga: "Mas o casamento estava horrível..." A resposta é que ele deveria ter procurado ajuda de um terapeuta ou de um membro do clero, ou talvez deveria primeiro ter se divorciado. Até a falta de remorso teria resultado em uma situação diferente. Mas justificar a traição por qualquer outra razão a não ser as próprias indulgências egoístas a deixará desconfiada e em constante alerta, de modo que nunca mais desejará dormir com ele.

2. *A certeza de que terminou*. A dor não começará a diminuir se o marido ainda estiver envolvido com a outra. Tampouco haverá uma volta saudável ao casamento. A primeira questão é como ajudar o marido infiel a encontrar a motivação e o entendimento para se comprometer a voltar ao casamento por inteiro. Nem sempre é tão fácil. Muitos homens se apaixonam por outra mulher e, embora digam que gostariam que desse tudo certo com a esposa, sentem-se em um dilema, pois ainda precisam da outra. É um problema compreensível. Se ainda não terminou com a outra, é possível que o faça em prol do casamento, mas poderá ficar muito triste por um tempo até "esquecê-la". É possível que tal situação seja um constante lembrete para a esposa que tenta superar a situação. No entanto, se terminou de fato e ele estiver realmente

arrependido, vale a pena dar um tempo para que ele lide com a tristeza e encontre um relacionamento mais sadio com você. Entretanto, se ele continuar tendo qualquer relacionamento com a outra (nem que sejam apenas telefonemas, trabalhar juntos em um projeto no escritório, um cafezinho "entre amigos"), simplesmente ainda não terminou. Nunca peço a nenhuma mulher que me procura para se esforçar em reatar o relacionamento se sei que ele continua envolvido com a outra. Como posso pedir que ela vença obstáculos e mantenha a fé e a esperança sem um comprometimento sincero e firme do marido? Sou totalmente a favor de uma pessoa mostrar o caminho, mas tal não é possível nessas circunstâncias. A relação extraconjugal tem de terminar física, emocional e sexualmente.

Para o marido

1. *Peça perdão*. Se ofendermos alguém, a forma de remediar a relação começa com um pedido de desculpas sinceras à pessoa ofendida. O ego do ofensor não tem vez aqui. Não tente minimizar *seu* erro. Evite comentários do tipo: "Se *você* fosse mais amorosa, atenciosa ou se importasse mais, nunca teria acontecido." Não estou dizendo que seu ponto de vista não seja válido, mas você teve um caso e não há desculpas para a traição e a dor que causou à esposa. Se o cônjuge fez de fato algo incorreto ou prejudicial, faz parte do comprometimento conjugal procurar uma solução, seja por meio da terapia ou de uma conversa particular. Você errou no momento em que decidiu colocar outra parceira sexual no meio, qualquer que tenha sido a situação do casamento. Se havia grandes problemas, era responsabilidade sua criar a oportunidade para lidar com eles. Se escolheu não fazer nada ou acreditou que não havia outra opção a não ser o divórcio, deveria

ter esperado até se separarem e ficar claro para o cônjuge que o casamento estava terminado, antes de se envolver com outra pessoa. Não significa que não haverá outra oportunidade para conversar sobre as mudanças que fariam o casamento recuperar-se. Tal conversa terá de ocorrer mais tarde em um momento específico. No entanto, só poderá acontecer depois que pedir muitas desculpas e assumir a total responsabilidade de seus erros.

2. *Esteja disposto a ouvir*. Sua esposa merece e precisa da oportunidade de compartilhar a dor dela. Mesmo que esteja extremamente arrependido, ela ainda assim merece a oportunidade de compartilhar como a situação foi e ainda é terrível para ela, embora isso possa ser difícil para você, porque o entristece. Ouça atentamente e demonstre empatia com o sentimento dela. Coloque os próprios sentimentos de lado. Diga que entende como está se sentindo e que sentiria o mesmo se ela o tivesse traído.

3. *Converse sobre o caso*. Provavelmente, a esposa fará várias perguntas sobre o caso. Talvez tenha de compartilhar alguns detalhes, mas apenas os que se referirem às razões para o caso ter começado e, mesmo assim, somente no intuito de vocês desenvolverem um plano adequado de prevenção para o futuro. Como mencionado na página 236, compartilhar tudo pode ser prejudicial para o processo de continuação. Sua mulher merece respostas que possam ser usadas para desenvolver um plano que a protegerá de um comportamento semelhante no futuro.

4. *Mude seu estilo de vida*. Não basta dizer "nunca mais o farei". Sua esposa precisa de muito mais do que uma simples promessa verbal. Ambos necessitam de muita energia e reflexão para entender como o caso aconteceu e como tentarão evitar que ocorra de novo. Limites rigorosos devem ser impostos. Talvez não goste de limites, como se

fosse um adolescente sob supervisão dos pais, mas são necessários para readquirir a confiança da esposa. O que faria se os papéis estivessem invertidos? A maioria dos homens diz que exigiria uma vigilância rigorosa. A esposa não merece nada menos.

Você tem de ser totalmente transparente, deixando a esposa saber exatamente aonde vai e o que fará, e quando e por que terá de chegar tarde em casa. Para voltar a confiar em você novamente, ela necessitará de garantias reais e de controles para ter a certeza de que nunca mais passará por esse sofrimento. Lembre-se do ditado: "Me traia uma vez, a culpa é sua; me traia duas, a culpa é minha." É totalmente absurdo esperar que a esposa volte a ter a mesma confiança em você logo após a infidelidade.

5. *Converse sobre as mudanças que acha que são exigidas pela esposa.* É possível que tenha vários problemas com sua mulher e ache que eles contribuíram para a infidelidade. Nunca use a necessidade de mudança como justificativa para a traição. Porém, aproveite a oportunidade para conversar sobre as mudanças com ela. Novamente, trate desse assunto somente *após* ter pedido desculpas sinceras e sentido a dor dela genuinamente.

6. *Prepare-se para fazer mudanças na sua vida, mesmo que elas não tenham contribuído para a infidelidade.* É possível que sua mulher exija que você deixe de andar com seu melhor amigo que já traiu a esposa e foi cúmplice na sua traição, embora você possa achar que ele nada teve a ver com isso. As estatísticas de minha pesquisa mostraram que havia uma maior probabilidade dos homens infiéis terem amigos íntimos que traíam do que os homens fiéis. Concorde ou não com a exigência dela, terá de ouvir atentamente e fazer as mudanças de modo que ela possa começar a confiar em você novamente. Se não estiver disposto a fazê-las, deixará transparecer que o desejo de não mudar é mais importante

do que a recuperação da esposa. Se achar que a exigência é exagerada (se pedir que nunca mais fale com alguém de sua família), você deverá tratar do assunto com o terapeuta.

7. *Comprometa-se a um longo período de cicatrização.* Muitos transgressores acham que a esposa deve relaxar e parar de se preocupar após algumas semanas. É possível que saiba lá no fundo do coração que nunca mais será infiel, porém não há como sua mulher saber a não ser observando seu comportamento por um longo período. Ela tem o direito de ficar de olho em você por bastante tempo, geralmente durante um ano. Leva muitos meses para uma esposa relaxar e confiar no marido infiel. Para algumas, esse processo demora anos, antes de poderem esperar em casa pelo cônjuge atrasado sem pensar que ele está sendo infiel novamente. Respeite a necessidade dela de recuperar a confiança.

8. *Lembre-se de que a confiança plena será recuperada com o seu foco amoroso.* A percepção da esposa de que está se relacionando com ela e desejando ser seu amigo e amante cicatrizará a ferida da traição e permitirá que ela confie em você no futuro. Leia este livro, além de outros semelhantes, e converse sobre o que leu com ela. Torne-se um especialista em casamento para mostrar a ela que deseja um relacionamento íntimo e unido. Nada pode substituir essa atitude.

Será que uma mentira leva a outra?

A aprovação da mentira sobre qualquer assunto acaba instaurando um precedente que certamente torna mais fácil mentir e trair. É possível que esteja pensando: "Sem essa, se ele tiver de trair, ele trairá, e o fato de ele ser honesto sobre o amigo com quem estava ontem à noite e de quem não gosto não fará diferença." Errado. Lembre-se de que os homens na minha pesquisa arrependeram-se por terem traído. Eles não eram homens "maus" que trairiam de qualquer forma. Oitenta por cento afirmaram que se o casamento fosse diferente (e, novamente, os homens teriam de ter feito parte dessa diferença), provavelmente não seriam infiéis.

A mentira, a falsidade e a falta de correção das informações erradas preparam um solo fértil para mentiras deslavadas e para a decepção.

Para evitar que o casamento seja um poço de decepções, institua uma política de mentira zero, o que significa uma luta para todos nós, pois mentimos. Quando você pergunta ao marido como fica seu traseiro com aquela roupa, é melhor ele dizer "fantástico" ou acabou a noite. Qual é o limite? Pense sobre isso. Faça duas listas com os seguintes cabeçalhos:

Mentiras que posso tolerar:
Mentiras que não posso tolerar:

Ajudo casais a usarem uma política que chamo de honestidade de Ação/Falta de Ação. Significa basicamente que haverá honestidade completa sobre qualquer ação ou falta de ação. Se perguntar ao marido se ele fez o depósito e ele não fez, isso é uma falta de ação. Ele tem de ser sincero com você. Se perguntar se ele saiu para beber com o amigo Jerry, que você detesta, e com quem já pediu que não saísse para beber, ele tem de ser honesto e dizer que saiu com ele, pois essa é uma ação realizada.

Significa também que ações e falta de ações devem ser divulgadas mesmo quando não perguntadas, caso qualquer um dos dois saiba que o outro pode estar preocupado. Portanto, embora não tenha nenhum sinal de que ele saiu com Jerry, ele tem de contar. Esse conceito de compartilhar e confrontar os problemas em vez de varrer para baixo do tapete forçará o casamento a lidar com a verdade. A ida a um clube de strip-tease, a participação em uma festa de solteiro que incluía mulheres nuas ou uma massagem com "final feliz" não podem ser escondidos de jeito algum. Mesmo que a verdade seja difícil, ganha fácil da realidade distorcida e dá a oportunidade de tratar dos problemas fundamentais. Se realmente acha que Jerry é o diabo em pessoa e pernicioso para seu marido ou para o casamento, trate disso como um problema conjugal. É possível que tenha de aceitar que as coisas nem sempre são como deseja, mas pelo menos saberá a verdade e será capaz de tratar disso como quiser. Obviamente, a política vale para você também.

Essa política permite mentiras baseadas em opiniões. "Estou bem com este vestido? O sexo foi ótimo para você? O que pensa sobre a minha mãe?" São perguntas que esperamos ser honestos ao respondê-las, mas, na realidade, seria mais sensato evitar a verdade (termo mais ameno para mentir). Esse tipo de mentira é bem diferente de mentir sobre algo que fez ou não fez. Ao se mentir sobre uma opinião, a realidade não é distorcida da mesma maneira quando se mente sobre uma ação ou uma falta de ação. Além disso, uma importante alteração a essa regra é a permissão a qualquer um dos dois para deixar de responder, quando é pedida apenas uma opinião. "Não quero falar minha opinião em relação a sua mãe. Serei gentil com ela e ajudará se fizermos..." E talvez devesse parar de perguntar sobre sua aparência, a não ser que queira realmente ouvir a opinião sincera dele. Melhor seria perguntar de qual roupa ele gosta mais. Se quiser elogios, diga sem rodeios: "Adoro quando me elogia ao vestir-me para sairmos."

Minha pesquisa mostrou ser pouco provável que os maridos admitam a traição, a não ser que sejam confrontados com uma prova irrefutável. Vale muito a pena todo o esforço para desenvolver um casamento no qual haja honestidade em todas as partes. É possível que tal atitude diminua a probabilidade de haver uma traição e, certamente, permitirá que você perceba com mais rapidez e facilidade que o marido está se afastando emocional ou fisicamente. Permitirá descobrir mais cedo a verdade sobre a insatisfação conjugal ou sobre as ações insinceras dele, podendo evitar danos irreparáveis. É possível que perceba se ele diz a verdade, pois como não mentia sobre questões reais antes, terá mais dificuldade para fazê-lo agora. Ele conhecerá o casamento e se acostumará com o mesmo, pois poderá ser honesto mesmo sabendo que a aborrecerá. Há a possibilidade de ele antecipar uma conversa sobre algo que possa ser o precursor da infidelidade, o que permitirá saber o que está acontecendo de fato na vida dele e possibilitará a ambos tratar os problemas juntos, em vez de esperar até que fiquem fora de controle.

A *história de Patrícia: ela recusou a política de mentira zero*

Patrícia não gostou muito da política de mentira zero. Ela a achava infantil e ilusória. Acreditava que a honestidade extrema do marido era um tanto imbecil. Pedi que experimentasse a Fórmula de Identificação da Voz Interior.

> *Voz da infância.* Patrícia achava que os pais dela eram honestos. Ao mesmo tempo, havia inúmeras ocasiões em que a mãe pedia a ela para não contar ao pai o valor verdadeiro de um determinado item, pois sempre discutiam sobre dinheiro no domingo, quando o pai fazia a conferência bancária. No telefone, Patrícia contava "mentiras amenas" em nome da mãe a toda hora, especialmente para a avó. "Ela não está em casa no momento", "Ela está no chuveiro", "Ela está com dor de cabeça". Riu ao se lembrar de um incidente, quando tinha sete anos. Ela foi apressada pela mãe para sair do mercado e começou a chorar porque achava que a mãe havia roubado algumas mercadorias. A mãe explicou o que realmente aconteceu: ela não queria ser vista por uma amiga que estava na loja. Havia dito à amiga naquela manhã que não estava se sentindo bem e não poderia almoçar com ela.

Fórmula de Identificação da Voz Interior: Patrícia

Patrícia não estava pronta para instituir uma política de mentira zero.

Voz da infância:
Os pais eram, em geral, honestos, mas pregavam muitas mentiras amenas.
Resultado: É certo mentir sobre "pequenas questões".

Voz da sociedade:
As amigas fofocavam umas sobre as outras, mas fingiam que tudo estava a mil maravilhas quando estavam na presença delas.
Resultado: É normal ser falsa, mesmo na companhia das amigas.

Voz do lar:
O marido era muito honesto e austero. Os filhos aprendiam sobre a honestidade na escola.
Resultado: O marido servia de exemplo positivo de honestidade, embora ela achasse que, às vezes, exagerava.

Mudança de insight: a Fórmula de Identificação da Voz Interior de Patrícia a ajudou a aceitar que o fato de o marido ser tão honesto não o tornava um imbecil. Percebeu que havia seguido inconscientemente o exemplo dos pais e das amigas, o qual, agora conscientemente, tentava evitar. Permitiu-se seguir o sistema de honestidade do marido, diminuindo as chances de ele mentir para ela no futuro e assim evitando possíveis desgostos.

Voz da sociedade. Patrícia achava que as amigas eram relativamente honestas. Não acreditava que elas faziam por mal, mas não gostava da forma como falavam uma das outras em segredo e fingiam que estava tudo bem diante da mesma pessoa sobre a qual conversavam. A irmã era mestre nisso. Reclamava com Patrícia sobre como uma pessoa era horrível e depois convidava a mesma para almoçar e Patrícia para acompanhar. Ela não conseguia entender como a irmã parecia genuinamente agradável com a pessoa de quem falara horrores ao telefone no dia anterior.

Voz do lar. Patrícia descobriu que o marido era totalmente honesto. Não gostava de mentir e nem tentava sonegar os impostos. Tinha orgulho em falar com honestidade, embora fosse mais fácil mentir. Os filhos estavam no ensino fundamental e aprendiam a importância de dizer a verdade.

Mudança de insight: o resultado final da Fórmula de Identificação da Voz Interior foi a descoberta de que a voz do lar era a que tinha de ser ouvida. O marido e os filhos apoiavam a política de mentira zero enquanto as duas primeiras vozes a faziam se sentir incomodada com relação a isso. Reconheceu que não valia a pena correr o risco que acompanhava a mentira no casamento, simplesmente porque no passado havia aprendido que mentir era mais ou menos legal.

Encontre a zona de conforto para as mentiras amenas, mas se assegure de que as outras estejam de fora. Dessa forma, haverá um grande avanço para tornar o casamento seguro.

O papel de esposa traída

A parte mais difícil nesse papel será a de identificar em que precisa mudar. Ao sermos apunhalados pelas costas, em geral, não tiramos a adaga e ficamos pensando no que fizemos que permitiu que tal fato acontecesse. Especialistas em defesa pessoal, embora se recusem a culpar a vítima, ensinarão a enfrentar a vida para diminuir as chances de você ser atacada. Novamente, mesmo sendo a vítima, é necessário entender o que estava errado no casamento antes de tudo acontecer e que possivelmente favoreceu a infidelidade. Lembre-se de que há os 12 por cento de homens que traíram por razões que nada têm a ver com o que acontecia no casamento. Eles simplesmente são homens que traem por trair e as chances de consertar isso são escassas. No entanto, se o marido está arrependido e comprometido com um casamento significante e sólido e você decidiu tentar fazer o casamento dar certo, precisará se confrontar e verificar o que fez e o que pode fazer para tornar a reação melhor.

1. *Entenda que o casamento provavelmente estava agonizando.* Havia algo que não estava fazendo (talvez não estivesse se esforçando o suficiente para o casamento dar certo ou não insistisse em consultar um terapeuta) que pode ter contribuído para manchar o casamento. Esqueça por um instante que o marido a traiu. A melhor maneira de olhar para a traição é imaginar que ele disse: "Quero a separação." Nesse caso, seria sua função procurar ajuda e encontrar um meio de consertar tudo. No entanto, a chave para a cicatrização e a criação de um casamento renovado e protegido é o foco e o esforço consistentes no relacionamento conjugal, o que vale para ambos. Nesse ponto, essa é a única maneira. Você pode se proteger dizendo que ele é quem tem de tomar a iniciativa e que você reagirá às ações dele. Mas ele terá de ver que as ações estão tendo respostas para não desanimar. Isso é muito difícil, pois compreensivelmente muitas mulheres não querem o compromisso de corresponder. Se realmente não estiver disposta, avise que não adianta tentar nesse momento, porque ainda não está pronta para receber qualquer gesto de carinho dele. No entanto, faça com que sua prioridade principal seja ficar preparada para receber os gestos dele assim que possível. A probabilidade é de que o tempo esteja ficando curto.

2. *Esteja pronta para mudar*. Seja totalmente honesta sobre as próprias falhas. Esteja pronta e disposta a entender os sentimentos e necessidades do marido, o que só deve acontecer após muitos pedidos sinceros de desculpas e ele se comprometer a mudar. Não permita que ele use as imperfeições ou os problemas no casamento como justificativa para a infidelidade. Se permitir, as chances de ser enganada novamente aumentam. Mesmo que o marido esteja disposto a fazer grandes mudanças no estilo de vida para garantir que nunca mais trairá, você também terá de mudar. Assim que ele mostrar que está mudando, será mais fácil para você fazer o mesmo. Afinal, o que adianta voltar a uma situação que tinha falhas tanto para o marido como para você? Tenha novas ideias e coloque-as no papel como fiz com meu Programa de Ação Rápida neste livro.

3. *Limite suas perguntas*. Você desejará conhecer os detalhes e não seria fora do comum ficar inquieta até obter todas as respostas. Algumas esposas alegam que elas ajudam a suportar a dor. Pessoalmente, acho que prolonga a dor e cria cicatrizes profundas. É a diferença entre ouvir falar de um acontecimento horrível e testemunhá-lo. Quanto mais detalhes souber, mais imagens terá, e elas reduzirão seriamente a capacidade de esquecer o passado e se concentrar no futuro.

Por outro lado, há algumas perguntas para as quais tem o direito de receber a resposta, pois a ajudará a desenvolver um plano conjugal para o futuro e a aprender a confiar novamente no cônjuge. As respostas para essas perguntas ajudarão a determinar como seguir em frente com um plano para voltar a confiar no marido.

- Quem era a outra mulher?
- Como e onde se encontraram?

- Há quanto tempo esse relacionamento existe?
- Você ainda tem um relacionamento com ela ou acha que terá um no futuro?
- Alguém mais sabia do caso? Quem?
- O que passou pela sua cabeça que o permitiu fazer isso?

Esta última pergunta é muito importante, mas esteja ciente de que obterá uma justificativa. Ele dirá algo errado como "Meus colegas fazem isso", "Você estava muito zangada comigo" ou "Você estava me enlouquecendo". Mas você perguntou o que passara pela cabeça dele naquela hora e não como ele entendia o ocorrido agora. No entanto, você deseja saber o que passava pela cabeça dele, pois a ajudará a entender melhor seu marido. A primeira resposta diz que ele deve manter-se longe dos tais colegas. A segunda informa que ele teve dificuldade em lidar com sua raiva. Lembre-se de que a raiva pode ter sido justificável na hora e talvez não tivesse sido tão ruim quanto achou. Mas o fato de ele manter isso na mente e usá-lo como uma linha de raciocínio significa que essa é uma área no casamento que precisa de melhorias. O mesmo se aplica à resposta número três. Talvez tivesse o direito de aborrecê-lo ou talvez não percebesse que o fazia. A questão é que o novo relacionamento terá de levar em conta seriamente essa área e trabalhar para obter uma solução adequada.

Faça qualquer pergunta que a ajude a formar um plano para a segurança e a confiança no futuro. Entretanto, há muitas que são improdutivas, mas para as quais também desejará uma resposta. Elas envolvem detalhes das atividades e informações pessoais sobre a outra:

- Com que frequência faziam sexo?

- Como era o sexo?
- O sexo com ela era melhor do que comigo?
- Você acha que ela é mais bonita/sensual/inteligente do que eu?
- O que ela tem que eu não tenho?

Não estou sugerindo que não tenha o direito de perguntar o que quiser. Porém, lembre-se de que essas perguntas provavelmente a atormentarão e nenhuma delas a fará se sentir melhor. Se ele estiver realmente sendo honesto, o que espera que diga? O sexo era horrível e não conseguia tirá-la da cabeça o tempo todo? A mulher era um cruzamento de uma cadela com um ônibus? As respostas serão baseadas na transgressão e no comportamento doentio do marido. Se ele já admitiu que errou e decidiu voltar a ter uma vida com você, concentre-se em vocês dois assim que possível. Crie novas memórias e não se esforce para lembrar-se dos detalhes das partes ruins do passado. Não interessa a intensidade do caso, seu marido escolheu ficar com você. A razão por trás dessa decisão pode não ser a que você gostaria (por exemplo, as crianças), mas é forte o suficiente para afastá-lo da outra. Uma parte dessa decisão tem de envolver o desejo dele de fazer o casamento dar certo. Quanto mais detalhes souber, mais difícil será amá-lo. Você não desejará ter uma imagem dele fazendo amor com a outra cada vez que fizerem amor. Seja generosa com você e trate das questões reais à mão.

4. *Não fique relembrando o caso.* É possível que o cônjuge peça desculpas muitas vezes antes de se frustrar. Você deseja uma desculpa sincera e a segurança de que a traição nunca mais acontecerá. Já é bastante difícil se admitir o erro, pedir desculpas

e se sensibilizar com o quanto machucou a outra pessoa. Você necessita ouvir o pedido de desculpas várias vezes. Mas falar constantemente sobre o caso é simplesmente injusto. Suga a energia do novo comprometimento e, a menos que tenha uma boa razão (por exemplo, algo que fez que a lembrou do comportamento dele durante o caso), pare de voltar ao assunto repetidamente. Nada de insinuações, olhares e outras atitudes quando estiver conversando com os amigos sobre infidelidade. Se achar que necessita lembrá-lo do caso porque acredita que ele esteja agindo de uma forma que poderia resultar em um novo, procure um terapeuta imediatamente. Mas lembrá-lo do caso no meio de uma discussão como um meio de puni-lo fará com que vocês percam toda a capacidade de se comunicarem honestamente como casal. Você poderá dizer que não consegue se controlar por causa da raiva. Lide com isso de modo saudável, senão esse casamento vai por água abaixo.

5. *Decida seguir em frente.* Não há magia para o perdão. Faz parte da força da mente e do coração perdoar e criar uma nova vida junto com o cônjuge. Se estiver satisfeita com o novo plano para prevenir uma traição futura e criar um casamento melhor, sua tarefa é esquecer o passado. Olhe para o futuro e veja você e seu marido felizes no casamento daqui a muitos anos.

Enfim, às vezes a separação é a mais indicada após uma traição. Só porque está disposta a deixar a traição para trás e o marido está pedindo perdão não significa que precisam voltar imediatamente a viverem como marido e mulher. É possível que precise fazer algumas mudanças genuínas antes de seguir em frente com ele. Por um tempo, é possível que não queiram viver juntos, fazer sexo (tenha a certeza de que ele fez o exame de DST, antes de ter qualquer contato sexual sem proteção, mesmo que ele afirme que o sexo com a outra era seguro) ou mesmo ter um contato físico.

De qualquer forma, lembre-se de que é contraproducente estagnar o casamento por muito tempo sem esperar que resulte em duas pessoas afastadas e frias uma com a outra. Procure ajuda na elaboração de um plano e, à medida que vir o cônjuge provando o comprometimento renovado com o casamento e a fidelidade, siga em frente e lute para vencer por ele e por você.

LEITURAS RECOMENDADAS

Brizendine, Louann. *O cérebro feminino*, Rio de Janeiro: Campus, 2006.

Druckerman, Pamela. *Lust in Translation: The Rules of Infidelity from Tokyo to Tennessee*, New York: Penquin Press, 2007.

Glass, Shirley, e Jean Coppock Stacheli. *Not "Just Friends": Rebuilding Trust and Recovering Your Sanity after Infidelity.* New York: Free Press, 2004.

Gottman, John M. e Nan Silver. *Sete princípios para o casamento dar certo.* Rio de Janeiro: Objetiva, 2000.

Hillman, Carolynn. *Recovery of Your Self-Esteem: A Guide for Women.* New York: Fireside, 1992.

Juan, Stephen. *The Old Brain. Mysteries of Our Weird and Wonderful Brains Explained.* Sydney: HarperCollins Australia, 1999.

Lieberman, David J. *Nunca mais seja enganado*: A psicologia da mentira. São Paulo: Market Books, 2002.

Lusterman, Don-David. *Infidelity: A Survival Guide.* New York: MJF Books, 1999.

Miller, Alice. *O drama da criança bem-dotada.* São Paulo: Summus, 1986.

Pittman, Frank. *Mentiras Privadas.* São Paulo: Artes Médicas, 1994.

Webb, Michael *The RoMANtics Guide. Hundreds of Creative Tips for a Lifetime of Love.* New York: Hyperion, 2000.

ÍNDICE

abuso na infância, efeito na vida sexual adulta, 132-133, 166-168
Ação/Falta de ação, honestidade, 230
água, benefícios de relaxamento da, 194
amantes
   aparência física das, 50, 114
   divulgação do marido sobre, 14, 64, 231, 236-238
   lugares onde são apresentados as, 14-15, 73-76
   marido terminar com, 225-226
   tempo entre apresentação e início do caso, 76
amigos
   influência na esposa, 144-145, 160-161, 166, 182
   influência no marido, 39-43, 48-49
   Ver também Fórmula de Identificação da Voz Interior
amor, 84, 210

exercício para encontrar o tempo para amar, 206-207
expectativas dos casais de sucesso e, 180-185
retribuindo o, 197-207
separando tempo para o, 102-105
Andrews, Cecile, 103
ansiedade, 190
antidepressivos, 190
aparência física, 51, 114
apreciação, 35
   criticar o marido e, 147
   exercício para, 35
   expressando, como problemático, 142-145
   Formula de Identificação da Voz Interior, exemplo, 142-145
   insatisfação emocional do marido e, 33-37
   pedido de desculpas do marido e, 177
   reação do marido a, 85-89

ser criticada pelo marido e, 63
Ver também, gestos: Programa
   de Ação Rápida
Autossatisfação, 121-123

Berk, Lee, 194
Brigas
   como aviso de infidelidade,
      63-64
   resultados positivos das,
      175-179
Brizendine, Louann, 28

cama da família, a 130, 169-171
camas/roupa de cama, 195
carreiras, ver equilíbrio entre
   trabalho e lar
casamento, comportamentos de
   sucesso no, 175-185
Casos, ver cicatrização do
   casamento: homens, amantes,
   pesquisa
celular, uso do
   histórico de chamados do
      marido, 66-67
   marido evitar contato e, 62
cérebro
   exercícios de memória, 196
   história, 139
   para o, 196
   percepção pessoal, 117-118. Ver
      também Fórmula de
      Identificação da voz interior
Circle of Simplicity, The
   (Andrews), 103
clitóris, 122-124, 126, 173

colegas de trabalho, influência
   dos, 48
compaixão, 148, 150, 152
comportamento de fuga, 59-63
comportamento no banheiro, 131
comunicação, 33
   antecipando as necessidades do
      outro e, 190-191
   aprendendo sobre os parentes
      do marido e, 45-47
   conhecendo detalhes do caso e,
      236-238
   conversando com o marido,
      97-102, 204-205
   dedicando tempo para, 102-105
   disposição do marido de
      comunicar, 226-227
   Ver também insatisfação
      emocional
confiança
   importância da, 17, 19-20
   recuperando a, 229
   Ver também recuperação do
      casamento; mentindo
confissões dos maridos, 14, 231-232
   Ver também mentindo, amantes
conhecidos, influência dos, 48
   Ver também amigos
credenciais, dos terapeutas,
   217-218
críticas
   feitos pelo marido 63
   insatisfação emocional dos
      maridos e, 147
   Ver também apreciação
cuidando de si mesma, 187-196

culpa
  crianças e a, 127
  modelo de sucesso para casais e a, 177
  sentimento do marido de, 105-106
  Ver também remorso

DDA, 190
dieta, saúde e, 191, 195
divórcio, 215, 224, 226
dormir, 191, 195
DrPhil.com (sitio da Web), 121

equilíbrio entre trabalho e lar, 102-105
  homens no papel de provedor e, 37-38
  homens trocando de papel e, 35-37
  local de trabalho, início de casos no, 73
  separação e, 69
estimulantes, 190
estresse, 190
evitar a gravidez, 133
exercícios, para a saúde, 191-192

famílias de origem
  histórico da infidelidade do pai do marido, 43
  influência na infidelidade do marido, 39-49
  Ver também Fórmula de Identificação da Voz Interior
férias, importância das, 196

filhos
  influência no casamento 141, 183-185 (ver também Fórmula de Identificação da Voz Interior)
  privacidade dos casais casados e, 126, 161, 169-171
Fórmula de Identificação da Voz Interior, 19, 122, 137-139
  exemplo de apreciação, 142-145
  decisão pelo divórcio e, 224
  exemplo de casamento de sucesso, 181-185
  exemplo de cicatrização, 232-234
  exemplo de compaixão, 148-152
  exemplo de ressentimento, 153-156
  exemplos de vida sexual, 159-171
  exercício (Plano de Ação Rápida) de sexo para, 172-173
  exercício para entrega emocional, 157-158
  mudança de insight e, 141-142, 147
  reconhecendo histórico pessoal pela, 139
  reconhecendo memórias negativas pela, 142-145, 148-156
  tipos de "vozes" na, 140-142

gestos calorosos e amáveis. Ver gestos

gestos, 36
  exercícios para entrega
    emocional, 157-158
  expressando apreciação através
    dos, 88
  respondendo ao amor, 197-207
  Ver também apreciação
gevonden, 195-196

Harlow, Harry, 205
hobby, o inicio dos casos e o, 74
homens
  comportamento de traição
    habitual dos, 107
  comunicando com os, 97-102
  conselho para maridos, 226-229
  culpa sentido pelos, 105-106
  equilibro entre trabalho e lar,
    35-39, 93-95, 102-105
  motivação e apreciação, 85-89
  natureza competitiva dos,
    81-84, 89-94
  orgasmo experimentado pelos,
    124, (Ver também sexo)
  remorso sentido pelos, 15-16,
    225
  sensibilidade dos, 83-84
  separar pelos, 93-95
  simplicidade preferida pelos,
    96-97
  Ver também comunicação;
    Programa de Ação Rápida
Houston, Ruth, 14

imagem do corpo, 51, 114
infância, discussões sobre 45-47

Infidelidade Emocional
  (Neuman), 32
infidelidade, Ver recuperação do
  casamento, homens, amantes,
  pesquisa
infidelityadvice.com (site da Web),
  14
infidelityfacts.com (site da Web),
  32
influências culturais, infidelidade
  e, 45
insatisfação emocional
  como razão para trair, 28-32
  crítica da esposa ao marido e,
    147
  frequência sexual rara e, 51-52,
    61-62, 111-114
  mostrando apreciação e, 33-37
  Ver também comunicação;
Internet
  encontrar amantes via, 14-15,
    76
  informações sobre infidelidade
    na, 32, 122
intimidade, 117-119. Ver também
  sexo

Katherine Tallmadge, 194
Kinsey Alfred, 14

leitura sobre emoções, 139
luz do sol, 194
luz, 194

Medco Health Solutions, 190
medicação

privilégio de receitar dos
   terapeutas, 218
   tipo de, 190
mentindo
   como aviso de infidelidade,
      66-72, 78-79
   política mentira zero, 230,
      232-234
Métodos Anticoncepcionais, 133
mídia
   como uma "voz da sociedade",
      146
   sexo retratado na, 114, 123
mudança
   começando, 212
   como gesto de amor 180-185
   disposição para, 236
   Ver também Fórmula de
      Identificação da voz interior
mudança de insight, 141-142, 147
   apreciação e, 144
   cicatrização e, 234
   compaixão e, 151-152
   exemplo de casamento de
      sucesso, 184-185
   exemplos de vida sexual,
      162-164, 166-167, 170-171
   ressentimento e, 155
   Ver também Fórmula de
      Identificação da Voz Interior

natureza competitiva, dos homens,
   81-84, 89-93
necessidades emocionais da
   esposa, 192
necessidades físicas, cuidando-se
   e, 191

Neuman, M. Gary
   Infidelidade emocional, 32
   pesquisa para: A verdade sobre
      a traição, 17-25, 153
noites de encontro
   dedicando tempo para, 105
   retribuindo o amor do marido e,
      203-205

Oprah, 13
orgasmo, 121-125
Oz, Mehmet, 193

papel de chefe de família, 37-38
parentes por casamento, Ver
   famílias de origem
pedindo desculpas, 177, 226,
   238-239
pesquisa
   estatísticas sobre fidelidade,
      14-16, 21
   Por que os homens traem?
      (questionário), 22-25
   sobre A verdade sobre a traição
      (Neuman), 17-25, 153
   sobre culpa, 105-106
   sobre estatísticas de
      participação na terapia
      matrimonial, 215-217
   sobre influência da família/
      amigos na infidelidade, 41-43
   sobre insatisfação emocional,
      29, 33, 92-93
   sobre sexo como motivador da
      infidelidade, 52, 111-114
   sobre sinais de alerta de
      infidelidade, 59-64, 71-78

sobre traidores habituais,
  107-108
política de mentira zero, 232-234
Por que os homens traem?
  (questionário), 22-25
preliminares, 120, 125, 172-173
presentes, 198-203
privacidade, vida sexual e, 125-131, 162, 168-171
Private Affairs (site da Web), 15
Programa de Ação Rápida, 20-21
  Altere os sinais de traição
    (Passo dois), 64-66
  Encontre tempo para amar
    (Passo sete), 206-207
  Entrega emocional (Passo
    cinco), 157-158
  Envolva-se na rotina dele no
    trabalho e no lazer (Passo
    três), 77
  Fique de olho nos amigos e na
    família dele (Passo um), 48-49
  Pratique a entrega emocional
    (Passo quatro), 108-110
  Sexo, O (Passo seis), 172-173

Reconciliação. *Ver* recuperação do
  casamento
recuperação do casamento, a,
  223-224
  comprometimento do marido
    com, 226-229
  divórcio e, 211, 224-226
  mentindo e, 78, 229-234
  o papel da esposa na, após o
    caso, 234-240

relação emocional. *Ver* comunicação
relacionando emocionalmente. *Ver*
  comunicação
remorso, 20, 108, 213, 225 *Ver*
  também, culpa
ressentimento pelo marido,
  153-156
roupas, 195

SARK *(Susan Ariel Rainbow
  Kennedy)*, 194
sedativos, 190
Segredo, O (Byrne), 209
sendo ouvida pelo marido, 227
sensibilidade, dos homens, 83-84
separação, pelos homens, 93-95
ser atencioso,
  comunicando e, 100
  importância do, 205
  Ver gestos, contato
Sex and the City (programa de
  televisão), 123
Sexo
  como motivador para
    infidelidade, 51-52, 62,
    111-114
  como prioridade no casamento,
    134
  comportamento no banheiro e,
    131-132
  controle de nascimento e, 133
  disfunção sexual, 120
  doenças sexualmente
    transmissíveis, 239
  efeitos de abuso na infância no,
    132

Exercício (Programa de Ação
 Rápida) de sexo, 172-173
Fórmula de Identificação da Voz
 Interior e, 137-173
frequência do, 113-114,
 172-173
insatisfação sexual e, 32-33
intimidade conjugal e, 117-118
prazer físico através do,
 121-122
privacidade e, 126-131, 162,
 169-171
ressentimento da esposa com,
 115-116
satisfação sexual no casamento,
 119-121
simplicidade, preferidos pelos
 homens, 96
sinais de alerta. *Ver* sinais de
 infidelidade
sinais de infidelidade, 59
 como os homens encontram
  amantes em potencial, 73-75
 comportamento do marido
  como, 59-63
 exercício: Envolva-se na rotina
  dele no trabalho e no lazer 77
 exercício: Altere os sinais de
  traição, 64-66
 exercício: Fique de olho nos
  amigos e na família dele, 48-49
 intervalo antes do caso começar,
  76
 mentindo, 66-72, 78-79
 revelação sobre outras
  mulheres, 64

tarefas domésticas, 166-168
técnicas de relaxamento, 192-196
terapeutas
 credenciais dos, 217-218
 entrevistando, 219
 referências de, 219
 Ver também terapia de casais
terapia de casais, 209, 213-214,
 217-218, 221
 conveniência da, 217
 decisão pelo divórcio e, 211,
  224-226
 estabelecendo metas para,
  220-221
 estatísticas de participação em,
  215-216
 expectativas da primeira sessão,
  220-221
Thoreau, Henry David, 193

vibradores, 123
vizinhança, início de casos na, 75
"voz da infância", 140-141, 143
 apreciação e, 143
 casamentos de sucesso e, 182
 cicatrizando e, 232
 compaixão e, 148
 ressentimento e, 154
 Ver também Fórmula de
  Identificação da Voz Interior
 vida sexual e, 159-160, 164-
  165, 168-169
"voz da sociedade", 141, 144
 apreciação e, 144
 casamentos de sucesso e, 182
 cicatrizando e, 234

compaixão e, 150
ressentimento e, 154
Ver também Fórmula de
  Identificação da Voz Interior
vida sexual e, 161, 166, 170
"voz do lar", 141, 144
apreciação e, 144
compaixão e, 150
cicatrização e, 234

ressentimento e, 154
vida sexual e, 161, 166, 170
casamentos de sucesso e, 183
Ver também Fórmula de
  Identificação da Voz Interior

WebMD.com (site da Web), 121
womansavers.com (site da Web), 32

Este livro foi composto na tipologia Fairfield LH Light,
em corpo 12/16,5, impresso em papel off-white 80g/m²,
no Sistema Cameron da Divisão Gráfica
da Distribuidora Record.